納達爾

王者傳奇生涯全解析

NADAL
le guerrier ultime

紀堯姆・拉涅 /著
Guillaume Lagnel

柯琳・杜布荷 /攝影
Corinne Dubreuil

林舒瑩、葛諾珀 /譯

前言

　　十年前如果有人跟我說2022年會有記者兼網球迷（也就是在下本人）寫一本有關拉斐爾‧納達爾（Rafael Nadal，又稱拉法）的書，我會安排他盡快談一談。

　　你可還記得那個在法網紅土球場橫掃對手的西班牙小將？他的最初幾場勝利剛好跟我的記者生涯初始重疊。我多次在法國公開賽看到他奪冠，但納達爾當時並非我真正欣賞的球員類型：身體素質太過讓人印象深刻、流露某種過度自信的眼神與態度、不太能讓我眼睛為之一亮的打法。總之，紅土之王與羅傑‧費德勒（Roger Federer）恰恰成了對比，費德勒的優雅俐落球風才更對我的胃口。這是我當時的想法。

　　但是幾年過去，我的敏銳度，我體育記者的好奇心，讓我對這位伊比利球星產生完全不同的看法。他投入大賽的能力召喚著我，那種永不放棄的能力很快就讓我驚豔不已，那種我很少在冠軍選手身上才有的驚歎。

　　2019年9月8日到9日的那個晚上，在拉法贏得美國公開賽那場史詩般的決賽之後，我做下決定。而這聽起來好像是再清楚不過的事。隔天，我決定拿起筆，寫一本關於這孜孜不倦的戰士、這出類拔萃的人物、這永誌難忘的網球盛宴，這位讓你激動一整晚的主角的書。

　　從他手持球拍的初登場到2022年在法網決賽的勝利，透過本書，你將更認識這位擁有多重面貌的冠軍，既刻苦認真又天賦異稟，既保守又迷人，充滿自信，卻也偶有疑惑及害怕的耀眼球星。

Vamos!（加油！）

CONTENTS

榮譽榜

22
納達爾贏得的大滿貫冠軍數
（澳網 2 座、法網 14 座、
溫網 2 座、美網 4 座）

92
生涯 ATP 巡迴賽單打冠軍數

30
一盤未失的情況下 ATP 巡迴賽
單打冠軍數

36
1000 分大師賽冠軍數

1063
2001 年轉職業賽開始 ATP 巡迴賽
獲勝次數（212 敗）

890
2005 至 2022 年世界排名 Top10
連續週數

474
紅土球場獲勝次數（45 敗）

209
世界第一週數

1

獨一無二
的球員

體壇典範總有著相同的故事。我們不僅欣賞，更崇拜他們帶給我們的感動，因為他們的天賦總是令我們目眩神迷。於是相同的問題一再出現：我們總在想他們的天賦是否與生俱來，還是他們的成就其實是一段漫漫長路的結果。拉法·納達爾當然也不例外。

荷弗雷·普塔（Jofre Porta）是西班牙馬約卡島的網壇關鍵人物，為人低調，受人尊敬。馬約卡島位於地中海，離瓦倫西亞與巴塞隆納的海岸不遠，是納達爾的出生地。普塔在這裡經營國際網球學校Global Tennis Team，並身兼數職：西班牙網球協會教授、教育家、體育評論員、教練。他的資歷也讓他和兩位世界第一合作：1999年登上世界球王兩週的卡洛斯·莫亞（Carlos Moya），以及納達爾。1994年，納達爾的伯父托尼·納達爾（Toni Nadal）為普塔打開合作大門。

「托尼跟我說：**你應該來看看我姪子打球。**」他回憶道：「其實我當時心裡還是有點懷疑，因為我已經見過許多被高估的球員。因此我帶著些許懷疑去見拉法，但是觀察過他之後，我簡直驚為天人。我很少對一個球員著迷，也很少看到比他還厲害的網球員，因為這樣其實對他不好。但是當我看到他的正拍、反拍……我的媽呀，簡直難以置信，我還從來沒看過這個！而他才八歲……」

冠軍初露頭角

第一次接觸之後，普塔在1996年開始和拉法與托尼·納達爾合

作，這一年年輕的西班牙小將10歲。接下來他將陪在這位未來的紅土之王身邊長達8年的時間。

「他天賦異稟嗎？很難說。但這小男孩的表現與其他小孩不同。他在球場上跑動很快，這是因為西班牙人很重視快速移位。這個快速移位的特性讓他可以把球帶得很高。我只在一些比較有經驗的球員身上看到這點。他很有攻擊性。所有這些特質都讓人覺得他是很特別的球員。我也和莫亞合作過，但我從不認為他和拉法一樣好。」

普塔並非唯一有感於見證這股現象誕生的人。如今在佛羅里達經營網球學校的前球員伊米利歐·桑切斯（Emilio Sanchez）還記得他第一次見到拉法時的情景：「2002年，巴塞隆納公開賽，拉法參加了，還拿下冠軍！他當時已經達到非常高的水準。他在球場上的跑動是那麼愜意，讓他能夠在非常有利的條件下擊球。他打球很有把握，因為他會把球高高地送過網。而且他總是完美地控制比賽節奏：在他發球局的來回中，他總是採取主動，而他回球的質量真是太棒了。最終，他的反拍也總是能把球擊到想要的位置。我記得有一次在奧地利還打電話給運動品牌HEAD的總經理，要他簽下這個了不起的孩子！但他們最終沒有達成協議。」

目前是法國網球協會國家教練的前法國球員艾力克·維諾格

> 當我看到他的
> 正拍、反拍……
> 我的媽呀，
> 簡直難以置信，
> 我還從來沒看過這個！
> 而他才 8 歲……

以他的個子來說，
這樣的擊球質量
簡直是天賦異稟。

拉斯基（Éric Winogradsky）在馬約卡的一場衛星賽看到納達爾時，為之屏息。「當我回想起他和法國選手迪米崔‧羅韓（Dimitri Lorin）的這場不可思議的比賽，一下就明白他總有一天會變得很強。還可再給他幾公分、幾公斤，他才15歲，就已經是個戰士。以他的個子來說，這樣的擊球質量簡直是天賦異稟。」

瑇‧卡洛斯‧費雷羅（Juan Carlos Ferrero）是西班牙網球的代表人物。1998年轉入職業，曾兩度闖入法網決賽，更於2003年舉起法網冠軍獎盃火槍手盃。他和莫亞及納達爾是唯三登上世界第一的西班牙球員[1]。他大可以因為曾在紅土球場擊敗納達爾而自豪，因為這樣的勝利可以讓你在履歷上大書特書。42歲時，費雷羅給了自己一個華麗轉身：目前擔任西班牙網壇未來新霸主卡洛斯‧艾卡拉茲（Carlos Alcaraz）的教練。費雷羅比納達爾大6歲，記得2002年代表西班牙隊參加台維斯盃時遇到他。當時由納達爾掌旗，因為那時「他和理查‧加斯凱（Richard Gasquet）是他這一代人中最佳球員，也是對其表現的獎勵，」時任西班牙網球協會國家技術指導的亞伯特‧里巴（Albert Riba）解釋。之後「當拉法15或16歲時，」費雷羅頭一次看這位年輕同胞打球，「我們都覺得他會成為不可思議的球員。我們可以猜出他會贏得幾個大滿貫，但憑這就能想像出他會有多麼成功的職業生涯……如今，他獲得22座大滿貫，他還可以拿更多。這在他初登場比賽時是難以想像的。」

1　編按：西班牙小將卡洛斯‧艾卡拉茲（Carlos Alcaraz）後於 2023 年 6 月 5 日登上球王寶座，生涯已獲得 2022 年美網和 2023 年溫網兩座大滿貫冠軍。

一個與眾不同的男孩

與很早就認為是網球天才，雅尼克‧諾亞（Yannick Noah）接班人的法國選手理查‧加斯凱不同——還記得《網球雜誌》（*Tennis Magazine*）曾以令人記憶深刻的標題：「加斯凱，九歲，法國期待的冠軍？」當封面嗎？——當時西班牙的觀眾和媒體可沒將納達爾這個瘦弱的男孩視為西班牙網球的未來之星。

在《隊報》（*L'Équipe*）負責網球專欄超過20年的記者朱立安‧荷布雷（Julien Reboullet）緩頰：「14、15歲的年紀，他在技術上還有改進空間。大家覺得他的正拍不錯，但他的發球和反拍看起來還不夠好。」

納達爾現任教練莫亞的看法也差不多。「老實說，我當時並不覺得他跟其他同年齡的選手比有什麼特別的天分。我注意到他好勝的一面，雖然最讓我驚訝的還是他令人難以置信的害羞。」

1999年開始擔任體育評論員的弗雷德里克‧維迪耶（Frédéric Verdier）發現拉法有個特別的地方。「我覺得他的打法有限，但也覺得他為每一分奮戰的能力令人印象深刻。他展現的心態很不可思議。我確信他會成為優秀的職業選手，而且很難打敗。」

正如荷布雷所言：「我們從他的行為看到某種東西，這個著名的fighting spirit（奮戰精神），我們在他整個職業生涯都見識到。」

納達爾15歲時結識Babolat公司運動行銷經理尚－克利斯多佛‧維柏（Jean-Christophe Verborg）。那天，納達爾和費里奇亞諾‧羅培茲（Feliciano Lopez，2015年世界排名第12）、莫亞（1999年世界排名第一）及塞吉‧布魯蓋拉（Sergi Bruguera，1994年世界排名第三）在練球。「我記得即使在換邊的時候，他還待在場上，從他的

他每打一次網球，

就等於做一次

上半身的肌肉鍛鍊。

眼神判斷，我們覺得他好像要去打架！他尊敬長輩，但同時也展現出罕見的決心。」

「這孩子隨時都在動，」普塔說道：「他非常好動，但一旦有了目標，也能有極大的專注力，當他踢足球或玩桌上足球時，他一直都非常專注。他有一種能看見別的孩子看不到事情的能力。在一場雙打賽中，我作為隊長坐在椅子上，他突然來一記背部扣殺，很明顯非常難的擊球。我呢，我手上拿了一盒球，盒子從我手中滑落，但我在它掉到地上之前接住了它。當他回到椅子，他跟我說：**喔，荷弗雷，你嚇到啦！** 他可以一邊打出很難的一球，同時看到一盒網球從我手上掉出來。老實說，我沒有辦法說服我自己他是怎麼一邊專注在他的比賽，一邊還看到他周圍的東西。而這在他的日常生活是常有的事。」

1999年，納達爾前往法國西南城市塔布（Tarbes）參加Les Petits As少年網球賽，這是開放給14歲以下球員的比賽，堪稱是這個年齡層的世界錦標賽。我們在這裡看到許多冠軍誕生：張德培、費雷羅，以及瑪蒂娜·辛吉絲（Martina Hingis）。那一年，這個來自馬納科（Manacor）的男孩，在家人和伯父陪同下，成功打進八強。但最終輸給比他小15天的法國選手加斯凱。

「當時我根本不知道他，」球賽創辦人尚－克勞德·克納伊貝（Jean-Claude Knaebel）表示：「但從他被西班牙網球協會選中開始（一共有四個男孩被選中），他就有機會成為好球員。托尼·納達爾允諾隔年再來，尋求冠軍。」

「他最讓我印象深刻的是他已經擁有專業球員的態度，」當時是賽事球僮的體育記者夏洛特·嘉芭斯（Charlotte Gabas）回憶道：「他從第一分到最後一分都展現張力和強度，毫不猶疑。他表現出來的專注與決心，我們到今天都還看得到。」

一年後，納達爾拿下職業生涯的第一個比賽冠軍，在決賽擊敗法國選手朱利安・杰利（Julien Gély）。「這是我們的寶貝啊！他在賽史上記上一筆。」克納伊貝驕傲地回憶道。

" 他精力旺盛，
打起球來那麼主動，
那麼狂野⋯⋯

—

這幾段回憶讓我們回想起21世紀初，與這位年輕西班牙人有過交集的人都指出一個非常驚人之處：納達爾不僅有天分，還特別有某種東西，某種我們很少在年輕球員身上看到的征服態度，他們只在開始探索網球職業生涯時才有的態度。尚－佛朗斯瓦・巴許羅（Jean-François Bachelot）的職業生涯（1996至2005年）從未遭遇過納達爾。但當他第一次在塞戈維亞（Segovia）看到他的時候，還是極其震撼的。

「他的精力旺盛，打起球來那麼主動，那麼狂野⋯⋯我今天的感覺就是即使他能夠從其他冠軍那裡得到啟發，他還是個別養成的。我把他歸類到籃球之神喬丹、拳王阿里、柔道運動員泰迪・里內（Teddy Riner）或滑雪名將馬丁・富爾卡德（Martin Fourcade）之列。當你看到青少年的他，你會說：**這是個成熟的男人。**」

從蝦子到鬥士

　　從青少年到成年，只不過一年。在納達爾身上，更是跨了好幾個階段。要是你今生有機會與他擦身而過，肯定驚訝地目瞪口呆。一定要親眼看看拉法，才能體會他所建立的風格。前職業選手，拉法的鐵粉愛蜜莉·羅伊（Émilie Loit）說「他就是一堵牆，一個肌肉極其發達結實的選手。」而這個擁有一身令人印象深刻的健壯體格的球員形象，從2000年中輿論開始談論他，也打動舉世球迷。

　　不妨看看他在2000年Petits As少年網球賽獲勝的影片。14歲的納達爾，看起來真的還不像個無敵鐵金鋼。

　　「體格上，他就是隻蝦子，遠不是我們今天看到的強壯球員，」荷布雷回想：「2001年，當他初登場對戰許多職業選手時，有許多參數都不夠好：身高、體重、肌肉的生成。但隨著身高竄高，體重增加，他的體型就完全不一樣了。」納達爾也不是什麼都沒有，他有西班牙人在成年後都懂得發展的潛力。

　　「他青少年時期我看到他時，我覺得他下半身已經長得很好，」前網球教練，如今是生理暨生物力學博士尚－貝納·法柏（Jean-Bernard Fabre）表示：「這是西班牙文化：他們這方面的比賽訓練很多，他們的訓練量很大，因此他們有本錢。上半身很結實，但還不到他在最高程度爆發時那麼強大。然後，還有第二階段，在此階段，他還要發展上半身，因為我覺得他的力量還不足以打朝他肩膀高度飛來的球。」

　　如果說有什麼東西可以象徵納達爾的體格，那就是他肌肉非常結實的左臂二頭肌，費德勒就說和這個西班牙人比腕力他完全沒有贏的機會。那他又是如何練出這樣的二頭肌呢？甚至穿著無袖球

衣大方（自豪？）展現它。在網球執業超過20年的理療師賽巴斯提安·杜杭（Sébastien Durand）對此有他的看法：「他當然花了一些時間在健身房加強體格，但是他擊球的力度及運用手腕與前臂的速度，讓他每次擊球時都可以盡量鼓起他的二頭肌。其實，他每打一次網球，就等於做一次上半身的肌肉鍛鍊。」

事實上，以他身高185公分、85公斤的身材來看，納達爾就是我們眼裡體能的代表，也是**新生代**頂尖運動員體格質量超越其他運動員的代表。當然，2000年代中期，這種情況在其他網球選手身上也很明顯。

「一股不理解的感覺油然而生」

2004年，拉法不過18歲，但台維斯盃網球賽西班牙隊長霍迪·阿雷塞（Jordi Arrese）卻徵召他參加期待已久的對法國的四強賽。當時法國隊因囊括了保羅－亨力·馬帝厄（Paul-Henri Mathieu）、法布里斯·桑多羅（Fabrice Santoro）、米凱·羅德哈（Michaël Llodra）及亞諾·克雷蒙（Arnaud Clément）而顯得意氣風發。9月26日，法國隊與這位馬約卡選手進行了一場決定性的球賽。

「儘管他的年紀很輕，但他打球很有力量，很少犯錯，」前法國球員說道：「納達爾的體型已經非常結實。我對戰過很多Top 10的球員，但是對他，我覺得自己處於不利條件，幾乎虛弱無力。像是有某種不理解的感覺油然而生」。

不管輸贏，當時世界排名50的納達爾還缺乏經驗，但事情很快就有了結果。在阿利坎特（Alicante）的紅土球場上，西班牙隊直落

三擊敗法國隊：6-4、6-1、6-2。

　　克雷蒙大可不必為這次失敗臉紅。如果在2004年，納達爾還不是會讓大幾歲的對手害怕的球員，但他的確是難以對付的年輕網球選手。這一年，納達爾已經贏得幾個大賽。最著名的賽事是邁阿密大師賽，這位左撇子選手擊敗當時的球王「瑞士特快車」費德勒。

　　荷內・史托菲（René Stauffer）還記得2004年3月這場彷如昨日的比賽。原因自不必說，因為這位熱愛網球的瑞士記者一直都近距離關注費德勒的職業生涯。他為這位在瑞士奉為神一般的網球天王寫了兩本書：《費德勒：追求完美》（*Roger Federer: la quête de la perfection*）及官方傳記《羅傑・費德勒：無可取代的網球之王》（*Roger Federer - Die Biografie*）。「我那天就坐在看台上，這是費德勒和納達爾首次對決。瑞士特快車才剛打敗英國的提姆・韓曼（Tim Henman），贏得印地安泉大師賽冠軍。但他被加州的豔陽曬傷了，在從印地安泉前往邁阿密的整個旅途都在生病。老實說，他不太耐熱。他被迫在機場過了一夜，讓他感覺很不舒服。當他抵達邁阿密時，他其實想退出比賽，之後又改變主意。他第一輪擊敗俄羅斯的尼古拉・達維登科（Nikolay Davydenko），接著在第二輪遭遇納達爾。我們已經聽說過這個男孩很強，他去年在漢堡還擊敗過莫亞。那天晚上，我頭一次在燈光下看拉法。留著一頭長髮的年輕人，穿著紅色無袖球衣，額頭綁著頭巾，剛剛抵達球場。他壯碩的體格真的令人印象深刻，甚至可以說很少見。而即使費德勒的狀況還沒達到百分之百，我們也很快就看到納達爾來自另一個星球！看到這麼年輕的球員揮拍那麼有力，大家都還是有些嚇到。他沒有退縮，並且主導賽事的節奏，他的對手始終找不到解決辦法。他完全值得這場勝利。打出毫不手軟的表現。」

　　以17歲之姿直落二（6-3、6-3）橫掃傳奇球王費德勒，讓你直接

這是個融合了速度、
好眼力、優異肢體協調、
良好平衡與傑出爆發力
的完美混合體。

轉大人。但這場重大勝利讓我們清楚了解這個馬約卡少年的智慧：他不是為了讓對手印象深刻或登上《時人》（*People*）雜誌封面而成為運動員的。這位西班牙選手其實更務實一點：他把他的體格素質用於網球運動。

「我們常常忘了一件事：網球是門運動。意思是說納達爾每次訓練和每次揮拍時都盡可能投入最大的力量，他其實是在鍛鍊他的體格，」杜杭解釋：「他藉由打網球，增強下肢的力量。在想辦法讓他的球更具爆發力的同時，也提升了上半身的力道。在跑向遠處追球時，也是在增進速度。不要忘了我們也可以在場上訓練！就我的觀察，考慮到他的年紀，他現在更注重預防，但他就是藉由打球，維持下半身的體格素質，就這麼簡單。」

2008年世界排名12的馬帝厄就可以證明和納達爾對戰的困難。不僅沒能在法網打敗納達爾——史上只有兩名球員做到：瑞典的羅賓·索德林（Robin Söderling）和塞爾維亞的諾瓦·喬科維奇（NovakDjokovic），在一場足以列入紀錄的大戰中，他還被逼到極限。2002年6月3日，法國選手馬帝厄歷經五小時大戰，像他之後的很多人一樣，敗給了在當天慶祝20歲生日的西班牙男孩。

「面對他時，你會覺得好像有部卡車朝你駛來，」這位法國網球協會現任高級主管解釋：「他的體力驚人，發球更是嚇死人。跟他打球真是辛苦……因為他會持續不斷地向你施壓。」

努力刻苦

儘管過了多少年，儘管大傷小傷不斷，納達爾依舊維持著同

樣令人印象深刻的體力。「他的下半身一直都是那麼強而有力，他的大腿很有力、很強壯，但他的上半身就比較瘦，」法柏荷指出：「我們來看看當今網球選手的體型：拿費德勒或喬科維奇來說，他們都很有彈性，很挺直，這個姿勢有點像衣架，肩膀微微朝後。這可以讓動作的幅度更大一點，而幅度愈大，擊球的力道就愈大。我覺得納達爾因為膝蓋或一些身體上的問題，使得力道減輕了，這是他必須面對的問題。他必須減少他關節上的限制。我要說的是他的身體已進步很多：從肌肉非常發達的體格發展到一直都很強壯的體格，而上半身又接近典型的網球員體型。」

　　法國網球協會健身教練保羅・奎丹（Paul Quétin）曾經很仔細地研究過這位出身馬納科的蠻牛，這個稱號可以說頗為貼切。「客觀來講，我們可以認為隨著時間流逝，他也流失了一些所謂的肌肉與身體質量。他或許還具有同樣的爆發力，只是時間上沒那麼持久。但他還是維持在傑出的體格水準之上。他的上半身很有力，但我相信這很大部分是來自下肢。他非凡的下半身有著非常出色的肌肉質量。而喬科維奇則像巨大的場地覆蓋物。會比27歲時差一點嗎？可以想像，但差異甚微。球員會用其他東西來彌補：經驗、對身體的認知等。」

　　依此來說，納達爾堪稱現今網球的代表。

　　「這是個融合了速度、好眼力、優異肢體協調、良好平衡與傑出爆發力的完美混合體，尤其是在正拍時扮演關鍵角色的手腕，」杜杭補充道：「能達到這個水準，是因為體格沒有缺陷。不能慢，也不能失去爆發力。還有我真忘不了他驚人的抗疲勞能力。」

　　疲勞？拉法可不認識這玩意兒。他可是個極富耐力的怪物。他愛打持久戰的癖好再明顯不過。而所有試著跟他打體力消耗牌的球員通常都會遭受挫折。

卡倫・卡查諾夫（Karen Khachanov，2019年世界排名第八）曾與納達爾交手過八次。他從未贏過一場，但他們在2018年美網的對戰就是一場激烈而有爭議的對決。

「當然他的體能真的準備得很好，」這位優秀的俄羅斯選手表示：「即使他有些年紀了，他比我大好幾歲，但他最主要的武器就是強勢的體能加上持久力，能夠在球場上跑好幾個小時。他已經證明了這一點，包括跟我的對戰。」

「2009年澳網四強賽打了超過五小時，接著決賽對決費德勒超過四小時……兩天內這樣比，簡直瘋了！我很希望多了解他的祕訣，老實說我不知道是什麼……也許他永遠都不會跟我說！他是巡迴賽中最強的球員之一。他的球風和打長時賽的能力，而且常常能拿下這種比賽的能力，說明了一切。」

致命的正拍

因此納達爾就是那個仗著驚人體力讓你暈頭轉向的巨人，你越攀爬，這堵牆就變得越高。但要說這位來自巴利阿里群島的西班牙球員在他的職業生涯曾經翻過許多高山，那也是因為他擁有超強的正拍：是納達爾能夠掌控節奏的可怕武器，更是常令對手居於下風的致命一擊。

「他的準備動作和很多球員都一樣。在第一時間，利用手腕將球拍朝向耳朵，然後繼續這個準備動作一直到拍子從他的背後揮出，以便有更大的幅度，」前球員並且曾是吉爾・西蒙（Gilles Simon）、瑪莉昂・巴托利（Marion Bartoli）與克莉絲蒂娜・美拉

德諾維奇（Kristina Mladenovic）教練的荷道夫‧吉爾貝（Rodolphe Gilbert）說得很詳細：「然後，根據他即將要打的球，他會壓下拍頭，同時彎下手腕打出上旋球。在這，他把球帶過Babolat拍頭。結束動作，也就是他的招牌動作：將拍頭向後拉向右肩，但他的打球動作不會停在這裡，而是球拍會再次繞過他的頭，像套馬索一樣。這是他著名的繞頭正拍：他在紅土球場用的比在硬地球場多的擊球。」

前球員兼國際獨立教練法布里斯‧司巴羅（Fabrice Sbarro）如今是統計學家與數據專家，讓他得以和丹尼爾‧梅德韋傑夫（Daniil Medvedev）及其法國教練吉爾‧謝瓦哈（Gilles Cervara）合作。他熱愛網球，投入數千小時練球。他還出書《網球：你是哪種球員？》（*Tennis–Quel joueur êtes-vous?*），書中透過一項針對世界前一百名選手所做的科學研究，建議所有選手最佳化他們的表現。司巴羅分析了巡迴賽的上千場比賽，其中超過兩百場是納達爾2005到2022年間打的比賽，也是一項27880分的精密分析……足以表達這位西班牙選手的成績，你會同意的。

「根據我針對最佳正拍球員所做的所有統計與分級，納達爾無疑是第一名，」他解釋：「他擁有雙重優勢：他以正拍拿到比對手更多的分數，失誤也更少。因此他不僅更具攻擊性，防守也更嚴實。拉法平均得分多20%，直接失誤少30%。提到比分，必須要了解：致勝球〔對手沒有打到球〕與受迫性失誤〔對手有打到球，但球沒有過網〕。因此，假如與納達爾對戰的球員拿到10分，納達爾就拿12分。比方說，假如和費德勒相比，就會很有趣地發現這位瑞士選手的正拍比對手拿到的得分更多，但失誤也比較多。」

俄羅斯選手梅德韋傑夫對納達爾正拍的威力心知肚明。2019年美網與2022年澳網他落敗的兩場大滿貫決賽，他與納達爾的對戰總

共花了超過10小時。「納達爾的每一拍都讓你很難打，」2022年讓出世界第一寶座的前球王承認：「無論是小球、高吊球、一發，他都盡可能擊出最好的一球。但，沒錯，只要找到一些不可思議的擊球帶，他的正拍就可以讓他把你以為穩贏的分數拿走。」

「他的正拍球可以飛向各個方向：直線、對角、截擊、Inside Out，」司巴羅進一步詳述：「他的得分率高於平均，他各方面都比對手高。而他在兩個方向的失誤更少：對角正拍及Inside Out。因此拉法能在各個方向讓對手不好過，但無論多少個來回，他也能用他的正拍主導形勢：無論是發球後的一拍得分、五到八拍得分或超過八拍得分。」

擊倒蠻牛

鑒於納達爾所展現的網球球質與體格，他的對手在面對他的時候從來都沒有犯大錯的餘地。納達爾逼得對手迫於形勢找出解決方案。這當然不是那麼簡單，但解決方法還是有的。前球員亞諾·迪·巴斯卡勒（Arnaud Di Pasquale）就說，長久以來納達爾唯一的弱點就是反拍。2004年的波蘭索波特（Sopot）網賽是他倆唯一一次的交手，迪·巴斯卡勒直落二落敗。「老實說，假如你能夠壓制他的反拍，他最弱的一環，你還會覺得好像有點機會面對他……」

2004年帕勒莫（Pelerme）公開賽，唯一曾在紅土球場打敗過拉法的法國球員奧立維·穆帝斯（Olivier Mutis），找到了一個合適的比賽策略。「面對他，目標很簡單：就是一直打他的反拍，這是他前幾年最弱的一環，」他解釋：「確實有辦法可以在這方面做點什

麼，攻擊他，甚至以切球發球上網。我記得這個滿令他困擾的。」

但這些，只在拉法職業生涯剛開始的時候。在他的比賽還不是很穩定之前。

大衛‧戈芬（David Goffin）是擊敗過這位西班牙蠻牛至少兩次的現役球員之一〔總共有19人，包括蓋爾‧孟菲斯（Gael Monfils）〕。這位曾在2017年倫敦大師賽及2020年首次於澳洲舉辦的ATP Cup擊敗過納達爾的比利時選手，在2022年的馬德里賽再次奢侈地在紅土球場打敗納達爾。戰勝西班牙蠻牛兩次，不是每個人都辦得到，意思是說在與他對戰之前，你也並不是一點想法都沒有。「只要你離底線稍微遠一點，就會給他時間把球打得很長、很重，找出角度，讓對手疲於奔命的機會。而在這種對陣中，他無疑是世上最厲害的！正如喬科維奇知道該怎麼做一樣，這個時候就必須截斷角度，快一點擊球，更具攻擊性，盡可能讓他跑。而即使這樣做，往往還是不夠⋯⋯其實很難做到這樣，因為他的球很難控制，尤其是在紅土球場。」

那麼在說完了所有這些之後，請想像一下那些曾經擊敗過這位西班牙怪物的網球選手該有多驕傲⋯⋯史蒂夫‧達西斯（Steve Darcis）就贏過一次，2013年的溫布頓網球賽。而且是直落三，拜託！2013年6月24日，已經在倫敦草地球場贏過兩座冠軍的納達爾就栽在這位比利時選手手中，這位當時世界排名135名的選手，整個職業生涯，在溫布頓球場上就只贏過這麼一場比賽。「這是一場令人難以置信的比賽，」達爾西斯回憶道：「當你和納達爾對戰時，你知道你將打一場比你的水準高一點的比賽，你會希望今天不是他的好日子，因為如果是的話，你知道你根本過不了關。你要靠很多參數。我記得比賽開始得很順利，我知道要保持狀況，真的是太膠著了。反正我必須專注比賽，要有很多變化，從進入球場開始就要

試著威脅他，一有機會就要努力上網……絕對不能留在底線，要左右進攻，不然我會脫不了身。我們在草地球場上比了三盤，最終比賽持續了三小時（**準確來說是2小時55分鐘**）。每一局都很膠著，比賽一直到最後都很緊繃。但機會站在我這邊：我打了一場偉大的比賽，我沒有太大失誤，他的狀況一定是有點不好，而我抓住了機會。顯然，這場比賽將永遠留在我的腦海裡。今天，大家都知道當他用他的正拍主導來回時，是非常非常複雜的。有很多選手都嘗試打他的反拍壓制他，但他的反拍也進步很多。如果要我提供打敗他的建議，那就是試著在他的正拍攻擊他，並且抓住每個機會加速、高吊，試著不要太讓他打……但這太難了。就是因為這樣，世界最佳球員都很難打敗。就算你已經有了比賽計畫，有了概念要怎麼打，他們都有這個能力讓你進入他們的賽局中，而一旦你進入，就很難出來了。」

天賦加上才能

　　別再質疑……一定要將納達爾納入最具天賦的網球員圈子嗎？撇開他的光榮戰績，到底該把他放在網球史上的哪個位子呢？

　　巴許羅並沒有馬上就被納達爾迷住。「這是個人看法，但就我打球的方式以及我對於網球的觀念，我在他身上看不到讓我欣賞的地方。在他職業生涯的前幾年，他的防守非常強，離後場底線非常遠，但場地覆蓋又不可思議地很全面。跟他交手很難打出致勝球。但不要忘了，這可是往後的打法有著驚人進展的球員。」

　　納達爾長久以來都與他最大的對手費德勒相比較，大家都公認

後者的打法比較輕鬆，比較寫意，也更具美感。但如今世人對於納達爾的認知似乎有了變化。

「往往認識卻不了解網球的一般觀眾都會傾向於把納達爾排在其他球星之後，」慕帝斯解釋道：「納達爾就像匹馬，打法建立在體能上，但我相信這些觀眾也都很清楚他驚人的天賦。我覺得對那些把他歸類為體格強壯的人來說，不免有股不屑的輕蔑。長久以來，費德勒就是典範，納達爾則是體格反教材。我認為現在流量器已經歸零，重頭來過，人們已經意識到他擁有的全副甲冑。」

讓我們把最後幾句話留給1980至1987年間的台維斯盃網球賽法國隊前隊長，之後長期擔任體育頻道Eurosport顧問的尚－保羅‧羅德（Jean-Paul Loth）來說。「納達爾擁有不同尋常的體格、精湛的網球技術，」他說：「天賦的概念我們可以討論很久。對我來說，一個懂得將球來回10次、15次，還知道該將球落在什麼地方的球員，要比發球很用力，然後一球就結束來回的傢伙有天賦多了。沒錯，是有比較精采的，但我還滿願意信任前者多於後者。這和當時比永‧柏格（Björn Borg）的故事一樣：人們都說他的天賦比不過約翰‧馬克安諾（John McEnroe），但我並不那麼相信。」

相反地，重點是納達爾深深印記在這項運動的歷史裡。就像馬克安諾獨具風格的球風一樣，馬克安諾也在Eurosport節目中向電視觀眾分析：「的確，拉法沒有費德勒的寫意優雅，但他的球風有一種火山爆發的美。」所言甚是。

天生的競爭者

納達爾身上最引人注目的東西是什麼呢？是他的體型優勢？正如我們前面說的，很難視而不見。或是他賣力揮出正拍時的吼叫聲？除非你聾了，否則不可能聽不到。還是他的強迫症？有些人還懷疑這個西班牙人是不是來自其他星球。但是讓我們試著把想法再推遠一點。「爲什麼拉法的種子會以這麼壯觀的方式爆炸？」這位西班牙球星的體能教練胡安・佛卡德（Joan Forcades）問道：「第一個要找的地方就是身體最脆弱的部分。」包括頭部。

　　偉大的費德勒在2019年底的南美洲表演賽期間接受智利媒體《La Tercera》訪問時，就曾這樣描述完美的球員：「他應該擁有費南多・岡薩雷斯（Fernando Gonzalez）的正拍、馬塞洛・里奧斯（Marcelo Rios）的切球、約翰・伊斯納（John Isner）或彼得・山普拉斯（Pete Sampras）的發球，以及安德烈・阿格西（Andre Agassi）或喬柯維奇的反拍。還有史蒂芬・艾柏格（Stefan Edberg）或羅德・拉沃（Rod Laver）的截擊、柏格的冷靜，以及像納達爾一樣的戰士精神。」納達爾在成為球場戰士所展現的能力是一種力量，儘管歷經無數凶險，但這股力量從未中斷。

　　有多少球員能夠因為擁有這個在比賽中永不言敗、從不放棄的能力而自豪？有多少同樣具有天賦的網球選手在面對納達爾時認輸？答案其實很簡單：納達爾就是這類永遠不想體驗失敗的冠軍。他拒絕失敗，盡其所能地拒絕失敗，彷彿這是在他自2001年轉入職業初始就努力達成不朽目標上永遠無法抹滅的印記。2009年世界排名11的法國選手艾莉澤・柯內（Alizé Cornet）就發現這個完美公式：「我感覺他每次打球，都像是用生命在打。」這不一定會讓納

達爾成為不明飛行物。亞諾‧克雷蒙，他那個時代的聖戰士，就很喜歡提到澳洲野兔萊頓‧休伊特（Lleyton Hewitt，2001及2002年的世界第一）這位不可思議的戰士。「很簡單：他倆都在很年輕時就展現出這種百分之百拚搏每一分的能力。」

「這小子控制著全場！」

2003年法網冠軍，並預期在新的千禧年開始時在巴黎紅土球場贏得更多冠軍的費雷羅，自2004年開始品味這股**奮戰精神**。他還記得：「我們贏得台維斯盃那時，他似乎就非常熱愛挑戰。他鼓勵隊友的方式已經展現出競爭者和冠軍心態。」

納達爾職業生涯的第一場比賽就顯露出這種心態，這場在2001年9月對戰同胞伊斯拉‧馬托斯‧吉爾（Israel Matos Gil）的比賽，毫無懸念地由年僅15歲的馬約卡少年獲勝。ATP的官方網站上，吉爾回憶起他和即將變成網球傳奇的少年納達爾對戰那天。「我聽到一個以他的年紀來說很有自己想法的選手在說話。有一天，我在馬德里看到他和我的訓練夥伴吉耶莫‧普拉代（Guillermo Platel）在比賽。雖然出現幾個賽末點，但納達爾還是輸了，卻也沒因此在場上失去冷靜。隔天，當我早上八點抵達場地，他已經在訓練了。這讓我非常訝異，一個昨天晚上才輸掉艱難比賽的選手，居然是第一個來到球場練球。」

我告訴自己必須追這個傢伙。他在場上的舉止簡直不可思議。他這種年紀的男孩看事情怎麼能夠這麼有遠見？他是如何能有這麼成熟的態度呢？這就好像他很習慣打這類型的比賽。我跟他比賽

"

我感覺他每次
打球，都像是
用生命在打。

—

時，當他接到我的發球，他會舉起
拳頭、抬起膝蓋慶祝。這是至今我
們都知道的納達爾的招牌動作。融
合了熱情與果斷，只為一個目的：
勝利。這次交手有一些時刻很緊
繃，但是在關鍵分他總是知道該如
何打。這種態度並不常見。當時有
很多他這個年紀的優秀球員，但納

達爾與眾不同。他只是15歲男孩，表現卻像20歲年輕人。就好像他
有很多經驗，但實際上並沒有。比賽結束握手時，我顯然很失望，
但並非以往那種憤怒。我剛剛輸給在球場上有著特殊表現的年輕球
員。我恭喜他，而我很少在輸球後這麼做。他在精神上主導比賽的
方式和他控制情緒的能力，實在令人目瞪口呆。」

　　當時尚未列入排名的納達爾以6-4、6-4直落二獲勝，收下他在
ATP巡迴賽的第一次積分。但這不是重點。

　　我們當時還不知道他，卻不斷聽到有人在談論這個網球場小鬥
士。讓我們回到2007年，維諾格拉斯基當時是正在嶄露頭角的法國
球員喬－威佛里・松加（Jo-WilfriedTsonga）的教練。「2007年，納
達爾與松加在美網首度對戰。松加打了一場好球，但最終直落三落
敗：7-6、6-2、6-1。我還記得他賽後跟我說：**這小子控制著全場！
相較於其他選手，你必須至少多打三到四拍！**」

　　隔年，兩人二度交手。這場澳網四強賽的第一場對壘就是力量
的展現，由松加寫下代表作。法國選手打了1小時又56分鐘的好球。
冷靜沉著的他，當天彷彿所向披靡，把西班牙人當成缺乏經驗的普
通球員。最終比數從評論員的口中說出來：6-2、6-3、6-2。納達爾
被痛宰到這麼難看的比賽可以說屈指可數。

這次對戰後兩個月，兩位選手又在印地安泉大師賽的八強賽遭遇。維諾格拉斯基一直待在松加這邊的看台上。

「我們知道松加的打球風格真的讓他陷入困境。就像在墨爾本一樣，松加打了一場精采的比賽，並且在第三盤，也就是最後一盤以五比二領先。我可以告訴你，從換場開始，當納達爾把他的毛巾放在旁邊時，就在我前面，他一點也沒有那種以為一切都完了的表情！比賽繼續，拉法連續擋了一、二記扣殺，以不太可能的方式拿下第一分。最終他破了松加的發球局，贏得比賽。但是我的球員也表現得超級好。值得注意的是他蠶食對手判斷力的身體語言。他一直向對手表現出只要他們還沒有握手，比賽就還沒結束。他把他們壓迫到幾乎要額外冒險，讓他們懷疑到底。他一直試圖把球打到看似無法觸及。而這就是納達爾。」

無法放棄

納達爾往往在這類處於懸崖絕境的比賽打出無可置信的**逆轉**（comeback），而且還出現滿多次的。2009年巴黎大師賽，對戰尼古拉・阿馬格羅（Nicolas Almagro）就出現過這著名的勝利，當時後者先拿下第一盤，第二盤6-5，在拉法的發球局40-0領先。他卻救了，嗯⋯五個賽末點，最終三盤取勝，結束懸念。

同一年印地安泉大師賽，面對大衛・納班迪安（David Nalbandian）也有同樣的勝利。當計分欄顯示6-3、5-3及40-30在納班迪安的發球局，這位阿根廷選手已經看見自己在淋浴了。在瀕臨KO時，納達爾成功救回五個賽末點。一秒鐘都沒有顫抖。因為在關鍵

拉法證明一件事，
網球比賽沒有打完
最後一球前，
都不算結束。

得分更有效率，納達爾也要回一盤。第三盤，也就是最後一盤好像對納達爾很陌生：納班迪安不得不服輸。最擅長把對手逼至絕境的納達爾，最終以6-0解決對手。

對於前球王麥茨·韋蘭德（Mats Wilander）來說，拉法在2022年1月澳網決賽獲勝成了「我職業生涯從未見過的最令人驚異的逆轉。」的確，在輸掉前兩盤，第三盤三比二，對方發球局0-40的情況下，很少人會賭納達爾贏球……

前球員艾曼紐·歐斯納（Emmanuel Heussner），目前任職於迪耶里·艾西歐（Thierry Ascione）與松加所創立的網球俱樂部All In Academy，2010年起也從事心理輔導工作，想當然爾也會關注納達爾的情況。「拉法證明一件事，網球比賽沒有打完最後一球前，都不算結束。這不是你在終場前幾分鐘以5：0輸球的足球比賽。網球賽中，你始終都有希望，即使大多數年輕選手都沒有記住這點。」

艾莉澤·柯內是納達爾的鐵粉，墨爾本的決賽讓她更堅定自己對他的欣賞。「一想到他，腦海中第一個跑出來的字就是**韌性**。因為不論身處什麼情勢，不管比賽的局面如何發展，他都會盡其所能做好事情，持續相信，不輕易屈服……」真的是韌性的非凡典範！就是因為這樣，和納達爾對戰的比賽永遠沒有結束。他一直在那，給你製造麻煩，而這，他的對手們都知道。即使分數落後，他也可以扭轉不可思議的局面，不僅是因為他的韌性，更因為他所展現的戰鬥力。

澳網這場耗時5小時又24分鐘的決賽，已進入網球殿堂。這也是七座大滿貫得主賈絲汀·海寧（Justine Henin）有幸評論的比賽。對她來說，場上勇敢無畏的表現已經充分說明納達爾的偉大了。「和梅德韋傑夫的這場決賽，說明了在某些時刻，事情並未如他希望的那樣發展。納達爾一開始並沒有贏得這場決賽的希望：比賽一開始

他的身體就不舒服，他處於挨打的局面，犯了很多錯誤。之後，他做了一些戰術上的修正，但他沒有退出比賽。即使對方占盡優勢，他也不低頭。而且，他也不會打腫臉充胖子。他保持在一種真實的狀態中，讓他可以等待風暴過去，把握機會。」

大可以輕描淡寫說納達爾在這場史詩般決賽展現無比耐心。第一盤6-2，接著第二盤7-6，哦，真是令人洩氣呀，納達爾等了將近三小時才逆轉局勢。

打球非常專注的納達爾，利用更多的吊小球和凌厲的反拍，正拍也變得更具侵略性。第一球就放棄的梅德韋傑夫漸漸洩了氣。戰況開始轉變，結果就是觀眾看到的驚世結局了。

2000年世界排名39的迪·巴斯卡勒提供了他的看法。「每位球員都清楚自己的打法與球質。而最難做到的就是接受偶爾把長處放一邊，因為你正被級別更高的對手反擊。拉法能夠拋開他的習慣打法，找到Plan B。這不僅證明了他的智慧，也證明了他優異的心理素質。」

而儘管他已35歲，不管比賽過程如何磨人，對手如何頑強，拉法最終贏得冠軍獎盃。他的第21座大滿貫，不朽的紀錄。墨爾本神奇之夜的史詩結局。

「我的對手可以贏，但我不會輸」

　　你還記得2019年ATP年終賽小組賽對戰梅德韋傑夫那場逆轉的比賽嗎？在該賽季崛起的梅德韋傑夫，在第三盤，也就是最後一盤以五比一領先。比數來到五比二時，納達爾握緊拳頭。他在想像自己逆轉並且獲勝了？解決一個賽末點之後，終於來到五比五，並在關鍵局拿下這場比賽。如今，梅德韋傑夫這位2021年美網冠軍得主以一種醒悟的心態看待這場比賽。「大家都知道，他的每一分都在戰鬥，就算對手已經6-0、5-0、40-0領先。他會不惜代價贏得比賽。這是納達爾肯定會做的，而且沒有多少球員會這樣。想要戰鬥是一回事，但在你心情低落時還要能做得到。我當時的精神狀態並不好，我錯失我應該贏的比賽。假如我不是和納達爾打，也許我會在第三盤以6-1或6-2贏……而假如我當時保持更好的狀態，我不認為他能逆轉。但我無法改變比賽過程。為他喝采！」

　　梅德韋傑夫頗有自知之明。如果說納達爾堅持下去並拿下一些最關鍵分，那梅德韋傑夫則是犯下許多大錯，尤其在決定性的一局。但是讓對手挫敗也是一門藝術。

　　「他成功地把他的比賽分成幾個部分，也就是說他在一場比賽中再比幾場小比賽，」歐斯納解釋：「在他身上，每一分都是要拿走的小比賽。而最終，是贏得最多小比賽的人獲勝。這個觀點很重要，因為這表示他把每一分都看得很重要：為了領先，第一分很重要，但第二分同樣重要，接下來的每一分也很重要。我要說的是他從不擔心輸贏，他首先關心的是賽局。賽局是可以掌控的東西，而輸贏沒有辦法百分之百控制。而拉法就具有為了他的網球始終奮戰到底的能力。真的太強了！」

納達爾很忠於自己。「在這種情況下，你告訴自己五分鐘後，你就要回到更衣室，」納達爾在賽後記者會解釋這不太可能的逆轉：「這樣想很符合邏輯吧。這樣你比賽時肩上的壓力就會小一點。就算五比二，也要告訴自己回到賽場仍很複雜，更何況是在室內球場面對像丹尼爾的球員。五比三時，我開始更加相信。我告訴自己**你只是落後一個破發，難道不是嗎？**我一方面對此深信不疑，一方面告訴自己**你必須再次擊球才能給他壓力**。而他那邊也開始犯下更多錯。這個例子不只適用於今天，而是每一天。這與所謂的**逆轉**無關。你當然必須擊球才能奮戰。尤其是當你在最後一局被5-1領先時不能摔拍子也不該失控。相反地，必須在場上保持積極。因為當你自我感覺太好或你不能接受你所犯的錯誤時，往往挫折就會出現。我不會常常這樣。我清楚知道我可以失誤，而且通常我會接受我的錯誤。這樣做是非常重要的。」

　　總之，這種榮耀盡顯，不做作，充滿見識，在所有網球學校循環流傳的**納達爾式**（nadalien）語言，很多人都會說。

　　歐斯納再回溯過去幾年：「我覺得他腦袋可能閃過他2008年贏得溫網那天說的一句話。比賽前，拉法對托尼伯父說：**這場比賽，我的對手可以贏，但我不會輸**。這句話裡，包含了所有意思：**我的對手可以贏**，意思是說對手必須努力去贏。**我不會輸**，也就是說他會全力以赴而且不會後悔。簡言之，他拒絕輸，但他有權利不贏。當他輸了，他會告訴自己：**今天，我已經竭盡所能，而對手表現得更好**。當我們這樣想，我們在場上的心態會更好，我們會釋放一部分壓力，然後消滅可能會成為表現障礙的某種自我。」

輸的權利

很難在納達爾比賽時對他的表現表示懷疑。無論是哪種情況。「我看到很多球員說**我今天沒什麼感覺，所以當然會出錯**。然後，不自覺地就沒有全心投入，」歐斯納說道：「我覺得很多網球員都希望能夠一直打好，好擁有冠軍的態度。但納達爾就有這個態度，即使他沒打好。我們看到他在2021年蒙地卡羅和安德烈·魯布列夫（Andrey Rublev）的比賽，他打得不是很好。他很強，因為就算有一天他會輸，但也不意謂他比對手差。我再補充一下，失敗對於他是誰及他想要獲得的並沒有影響：**如果我輸了，也不代表我很差。**他能夠將他是誰和他所做的分開。」

2019年，就在溫網賽前，納達爾被問到他能給新一代球員什麼建議，這位西班牙選手給了一個像是事實的回答：「當你上場，你可能會贏，也可能會輸。兩者你都必須接受。你或許不能接受當你上了球場，你可能會贏的事實。但你也可能會輸。這就是這項運動。每週都只有一個勝者，其他選手都輸了。每當你開始比賽，你會知道這個禮拜很難不輸球，因為只有一個人不會輸。因為知道你是為了勝利而戰，你會盡你一切的力量。總之，贏當然很重要，也很特別。但就個人而言，我的想法是，當你盡力了，當你做了正確的事，你的內心就能平靜。我一向接受失敗，那是我們日常的一部分。」

前法國球員巴許羅對於頂尖運動員的心理準備很感興趣，他認為心理素質和自尊心有很大的關聯。「這需要回答下面的問題：我對自己有什麼印象？如果我對自己的印象不錯，那麼我就可以給自己輸的權利，不管是對誰，」他解釋：「這不重要，這不會玷

污我看待自己的看法。如果我的自尊心很低，那情況就會更複雜。顯然，他有很高的自尊心，同時也極其謙虛。這很少見，而且很棒。」

反彈能力

　　納達爾也曾經歷多次失望：2009年法網面對索德林，這位如伐木工般靈巧的瑞典巨人，在法國網球公開賽上引發前所未有的地震。2012年澳網史詩般的決賽，與喬科維奇對決近六小時之後的挫敗。2017年澳網決賽令人洩氣的失敗，第五盤面對費德勒率先破發的納達爾，卻看著瑞士人拿走勝利。但納達爾不是那種會糾結在一件事情上的人。

　　歐斯納喜歡提到24小時定律，說球員可以用一天時間來分析失敗的原因，然後翻頁，再寫下新頁。「我覺得他不是24小時，而是三小時！納達爾似乎有一種消化的能力，但也有理解和接受的能力。他接受他的失敗，然後才能理解得更透澈。因此他正處於神奇的恢復過程。他是那些冠軍俱樂部的一員，具有能夠快速理解發生的事，不受情緒影響，讓明天能重新開始並寫下新頁的天分。」

　　2009年法網遭到淘汰？之後他就連霸五屆。2012年決賽對戰塞爾維亞冠軍輸了？五個月後他接連贏得蒙地卡羅、巴塞隆納、羅馬與法網等比賽。2017年費納對決落敗的失望？早因為當年連得六個冠軍，包括法網與美網，而一掃而空。他2019年的初場比賽也是一連串挫折與疑問的源頭。雖然打到澳網決賽，決賽時卻被喬科維奇輾壓，讓納達爾經歷和他平常在紅土球場水準相去甚遠的結果。蒙

> **他總是在挑戰
> 自己的極限，
> 總是行爲一致，
> 態度始終如一。**

地卡羅四強賽被法比歐・福尼尼（Fabio Fognini）淘汰，巴塞隆納同樣在四強賽被多米尼克・蒂姆（Dominic Thiem）教訓，接著在馬德里再次在決賽前被斯特凡諾斯・西西帕斯（Stefanos Tsitsipas）制服。納達爾意識到「他的精神狀態非常低落，他必須設法恢復鎮定並找回他的最高水準。」事實上，從五月初馬德里大師賽決賽到賽季結束之間，納達爾只不過輸了兩次。

「網球最難的是每個禮拜都要表現得很好，」目前擔任法國網球協會帕德爾（padel[2]）部經理的迪・巴斯卡勒表示，「有很多吉光片羽。我們在年輕人身上能看到。但是身為專業球員的目的，是堅持，是始終以相同的方式訓練，帶著相同的意志。最困難的，是強制自己每天起床，強制自己想要打爆這顆球，強制自己持續進步，強制自己離開舒適圈。我覺得納達爾在精神上一時失手的情況比較少。有的話，也從來不會被看到。我感受到這股非凡的力量。他總是在挑戰自己的極限，總是行為一致，態度始終如一。他是唯一展現這股心理耐受力的人。」

---

2 譯註：一種類似網球或壁球的運動。

　　納達爾的戰鬥力與無懈可擊的決心，也同樣激發了巡迴賽現役選手的鬥志。

　　比納達爾小13歲的丹尼斯・沙波瓦洛夫（Denis Shapovalov）就是看這位西班牙選手打球長大的。「小時候，我的房間有兩張海報，一張是納達爾，一張是費德勒，」這位加拿大選手告訴我們：「他們在網球場上的表現，給了我很大啟發。我一直都希望像拉法一樣，有同樣的**奮戰精神**。長大後，我一直努力向他看齊，效法他的心態。他是偉大的職業選手，他比人們預期的還表現更多。他向自己以及大多數人證明了他是多麼偉大的冠軍。」

　　「當我在場上，有時我會想到他，」柯內說道：「我跟自己說：**這種情況下納達爾會怎麼做？**這樣想，會給我超越自己的能量與渴望。」

　　2021年巴塞隆納決賽在被救了一個賽末點之後遭拉法逆轉的西西帕斯，並沒有失敗的苦澀。「我從沒看過有人像他這樣拚鬥。他讓我在球場的日子變得艱難，但這是你必須接受的東西，」這位希臘選手表示：「這是一種讓我成為更優秀球員的較量，因為我看到自己的極限在哪裡。對我來說，參加這類比賽，對我的發展和進步絕對是好事。」

　　這種拒絕放棄的執著經常將納達爾帶進偉大的紀錄中。因此，納達爾在參加的130場決賽中拿下92個冠軍頭銜，也就是70%的驚人奪冠率（費德勒是65%）。此外，他還在30場大滿貫決賽中擎起22座冠軍獎盃，成功率高達73%。

　　還有，還可以再提一下，五盤大賽中，史上只有九位球員成功

擊敗過納達爾。費德勒和喬科維奇都在這個有限的圈子裡，還有休伊特、法國的呂卡‧普耶（Lucas Pouille）、盧卡斯‧羅索（Lukas Rosol）、吉爾‧穆勒（Gilles Muller）、費南多‧貝達斯科（Fernando Verdasco）、西西帕斯、福尼尼。後兩位是唯二能在大滿貫賽被二比〇領先後還能完成擊敗納達爾壯舉的選手。厲害，男士們。

　　我們就不計算納達爾職業生涯贏走的馬拉松式比賽有幾場了。2022年1月澳網，他花了5小時又24分鐘才擊敗梅德韋傑夫。2005年羅馬大師賽，吉列莫‧柯里亞（Guillermo Coria）在比了5小時14分鐘後終於認輸。2009年在澳網四強賽，也是鏖戰5小時14分鐘讓同胞好手貝達斯科認輸。2017年，保加利亞選手格里戈‧迪米特洛夫（Grigor Dimitrov）在4小時又56分鐘的激烈對戰後放下球拍。例子還有很多：2019年美網，面對俄羅斯的梅德韋傑夫4小時又51分鐘；2018年在紐約，花了4小時49分鐘解決奧地利的蒂姆；2008年對戰費德勒花了4小時又48分鐘才結束；以及2018年的溫網對戰璜‧馬丁‧戴波特羅（Juan Martin Del Potro）……因為西班牙蠻牛是不會放棄的。從來不會。你以為已在跨越三大洲的旅途終點擺脫他了？你很快就會再看見他的球拍，準備對你奮力一擊。

　　那麼在大滿貫賽直落三擊敗拉法？2003年迄今只發生12次，而喬科維奇是唯一締造兩次紀錄的。比利時選手達西斯則是在2013年溫網實現這項戰績。但他還記得他發球時有多沒信心。然而他的領先還是非常有利的：7-6、7-6、5-4及接下來的發球局，原則上他已經沒有什麼好擔心的了。

　　「一開局我就發了非常漂亮的一球，想利用這局勢上網，沒想到他卻跑到底給了我一記穿越球，拿走這一分。當時我就想起我時常對自己說的：**是了，他又要脫身了，就像平常一樣！**這就是你跟納達爾交手時的問題。你知道永遠不會結束，你知道任何時候他都

這是一種讓我成爲
更優秀球員的較量，
因爲我看到
我的極限在哪裡。

可以讓你產生懷疑，然後再回到比賽。幸好，在我落後時連拿了三分，以40-15領先，但是真的，面對他時，很快又質疑起來，因為老是想你對面的這個傢伙擁有異於常人的身體與心理。老實說，我很少有這種感覺。」

身邊人的影響

荷布雷稱納達爾為「不可能的戰士」，引起很多疑問。「我們不禁想問這個年輕男人究竟如何能在場上表現出這樣的憤怒，就好像他準備要死在球場上。我們的第一個反應是告訴自己某處有裂縫，或許可以說明他想對抗某種東西。但納達爾在島上的生活似乎過得頗為愜意，讓人覺得他就算不是網球冠軍也過得很幸福。」

首先，拉法似乎被他的出身出賣了。「這個競爭精神反映了西班牙人的意識形態，」1990年代伊比利半島最佳球員埃米利奧・桑切斯說道：「我們看法國球員，他們都非常非常具有天分，但他們的思維方式卻截然不同。他們沒有我們在西班牙球員身上看到的這種鬥志和這股決心。在我們國家，如果訓練九點開始，你就會九點到。沒有別的選擇！」

1997年和2001年曾兩度打入法網決賽的亞力克斯・科雷查（Alex Corretja）詳細說明了這個西班牙的特點：「對我來說，關鍵是每次都百分之百付出。隨時都在努力。打大滿貫，就算你很有天分但你不努力，那你就會在第三輪或八強賽輸掉。可八強是什麼？啥也不是。打1000分大師賽，必須在星期二和世界排名第40打，星期四打第30名，然後是Top 10，身體上和心理上都必須非常強大才能過關斬

將。我們努力不是為了打好網球，我們努力是為了成為好的網球選手。這就是不同之處。」

但這樣的決心讓人覺得拉法身上其實還有其他東西。幾年前，拉法在法網決賽的第一個犧牲者馬里亞諾‧普塔（Mariano Puerta）不無幽默地說：「他什麼都想贏，甚至是賽前的抽籤他也要贏。」

確實如此。2022年，挪威選手卡斯珀‧魯德（Casper Ruud）說到他的一些小故事：「我和納達爾在馬約卡島打了幾次高爾夫球。他是非常好的高爾夫球手……沒有，我沒贏過。在果嶺上也是，他打敗了我。他是個好對手。老實說，跟他打球很難，因為他什麼話都不說，非常專注。通常打高爾夫球，我們都會開懷大笑，但是跟他，完全不會笑！」

納達爾很清楚自己討厭失敗。「我從小就痛恨失敗；現在還是。無論打什麼牌戲，還是在車庫玩場足球賽，或是任何其他的，打輸了我會很生氣。我也不知道氣從哪裡來。也許是因為經常在酒吧看我叔叔們和朋友打撞球吧。」

看啊，身邊的人……據荷布雷的說法，這是決定性的因素。「他的家族有兩位水準很高的運動員〔叔叔米蓋‧安赫‧納達爾（Miguel Angel Nadal）曾是FC巴塞隆納與西班牙國家隊足球員，伯父也是教練的托尼曾是巴利阿里群島桌球冠軍〕，應該扮演了滿重要的角色。很早開始，他的身邊就圍繞著很多高水準運動員，他們知道所謂的嚴苛和日常訓練意味著什麼：早起、健康飲食（即使你是老饕）、嚴格訓練。在要求嚴格的環境中成長，得以部分說明納達爾的心態。」

要把托尼和拉法分開是不可能的。這對伯姪，同時也是教練和球員，從1990年到2017年持續合作了27年，托尼對這位22座大滿貫得主的影響甚鉅由此可見一斑。

沒有遺憾，
締造網球歷史：
就是這股信念
在激勵著納達爾。

「納達爾的父親把兒子最重要的教育託付給托尼，」荷布雷回憶道：「他倆常說拉法的學習生涯是由他的父母和托尼打造的。當你開始和12到16歲的男孩一起旅行，教育顯然還沒完成：社會行為、社交禮節等。托尼除了擔任教練，還是教育者及導師，並對納達爾某種形式的意識形態發展有著極大影響，超越了正拍和反拍。他宛如納達爾的第二個父親：拉法身上有很多托尼的影子。」

「托尼所做的教育工作非常與眾不同，我還真沒在其他地方見過，」拉法的前教練普塔說道：「他為拉法指引方向，甚至注入戰鬥精神。納達爾天生就有戰鬥精神，那是他DNA的一部分，這說明了他為何不會不戰鬥。他不會計較他在場上的努力，而這是他的問題。他太習慣於戰鬥，所以也得學會放手。」

台維斯盃法國隊前隊長尚－保羅・羅德（Jean-Paul Loth）非常欣賞納達爾的網球生涯。但他認為「他所呈現的心理素質和他打網球的方式有直接關係，反之亦然。我記得他打les Petits As少年網球賽時，在訓練期間，他從來沒有進攻的打法。基本上他一直專注在把球控制在場上，然後盡力做好防守，可能也會希望對手犯錯。從那時起，當青少年有這類打法時，就會借助事物的力量，形塑比他人更強大的心理素質，藉此鍛鍊自己：你看見某個球員正在奮力比賽，並試圖盡可能把所有球都打回去來贏得分數，你告訴自己他看起來比打出Ace球或回發球出錯的傢伙在精神上更強勢。納達爾必須

這樣做，否則他永遠也贏不了一場球！然而，如果今天我們讚許納達爾的精神，其實它不一定比費德勒或喬科維奇的精神更有價值，因為他們的打法完全是兩回事。我們在納達爾身上看到永不屈服的力量，而後兩者則是可能多在一兩球間就拿下分數。」

一個雄心壯志的故事

最後還必須考慮另個面向。「他熱愛他所做的事，熱愛他選擇從事的運動、他的職業，時間也無法抑制這股熱情，」羅德說：「別忘了納達爾對這些經常伴隨戲劇性批評的風光比賽有著特別喜好。還有不管遭遇多少障礙都想朝著最瘋狂夢想前進的雄心壯志。」

「有一回我在蒙地卡羅大師賽遇到納達爾，他即將對戰我當時在訓練的法國球員尚－赫內·里斯納（Jean-René Lisnard），」艾曼紐·歐斯納說道：「我記得我跟他說：**我當教練很長一段時間了。明天你將和我的球員交手。我非常非常欣賞你和你所做的事。有件事我很想知道：是什麼讓你每天早上都想贏球？**我跟他說到里斯納想連續取得佳績的困難。拉法回答我：**我的主要目標是創造我的運動傳奇。**我一下子就懂了他是有使命的，而大部分球員都沒這麼大的野心。這種心態，我在一些偉大冠軍身上也發現過，像是足球傳奇齊內丁·席丹（Zinedine Zidane）或滑雪天王馬丁·富卡德（Martin Fourcade）。他們都有相同的心理素質，都用一種我們可能很陌生的方法思考。」

2022年，納達爾藉著打止痛針，在左腳完全失去知覺（因為慢性疼痛）的情況下參加法網，就徹底說明了這瘋狂的企圖心，有些

人會說太誇張了。

　　巴許羅記得他第一次贏得法網冠軍時，他的教練托尼提醒他要遵守自己的規則，一邊拍了下他的肩膀說：**你只不過贏了一場網球賽！**「這個意思是，」他說：「納達爾受的教育總是把勝利最小化，即使它值得慢慢品味，目的是為了要更上層樓。事實上，這是每個球員都確定的目標。我認為有些球員夢想贏得大滿貫，而他卻想要締造網球史。因此他處在更高的領域。因此每場比賽對他來說都很重要。如果他在大型賽事中輸掉一場比賽，而這可能是他戰績榜上不那麼有聲望的頭銜。因此他把所有機會都放在每場比賽上，也放在每一盤、每一局、每一分上。他知道唯有經歷這些才能創造這項運動的歷史。說到底，我覺得他不想因為缺乏參與而遺憾，因為這可能會讓他失去一場比賽，並告訴自己，當初要是能夠竭盡全力，也不至於輸掉比賽。沒有遺憾，締造網球歷史：就是這股信念在激勵著納達爾。」

　　年復一年地保持這種心態，納達爾難道不會把他的潛能發揮殆盡？社會學家貝特杭・普曼（Bertrand Pulman）在著作《聆聽冠軍跟你說的話》（*Écoutez ce que les champions vous dissent*）提出的概念，無疑將拉法與超常表現（hyperformance）連結起來。「這個概念有兩個重點：首先，它得是給人留下持久印象的卓越表現，」他解釋：「這神話般的超常表現，是鮑勃・比蒙（Bob Beamon）在1968年墨西哥奧運的跳遠紀錄（這位美國選手以8.90公尺締造新的世界跳遠紀錄）：這是無可預料的非凡成績。超常表現不是只專屬於歷史上最偉大運動員的特權：各領域的第一名和任何人都可辦到。尚－克勞德・凱利（Jean-Clude Killy）的這句話『**每個人都可以做得比預期的好一點**』完美總結了這個概念。納達爾就是超常表現的典範。他展現的活力一直讓我印象深刻。他體現了生命的最佳狀態。」

3

回到他的
泡泡裡

看納達爾在網球場上打球一直都是令人熱血沸騰的活動，而觀察他的每個動作、眼神，以及態度也同樣重要，因爲它體現了一些超出體育範疇的問題。正如法國前網球員阿諾‧迪‧帕斯卡（Arnaud Di Pasquale）喜歡說的，納達爾是「個性謙虛、生活自持的男孩」，一旦比賽劇場之門開啟，他卻散發出截然不同的氣息，任誰看到這一點都滿困惑的。拉法有點像是內斂的音樂家，當他在成千上萬的觀衆面前登上舞台時，他就變身了。

從職業生涯開始，他的打球風格與服裝外形都讓他成為獨特的球員。他的模樣和當時的球王——時髦的費德勒，恰好形成鮮明對比：有如電影《神鬼奇航》強尼‧戴普的長髮造型、凸顯發達二頭肌的無袖T恤、頭帶、過膝的海盜褲，呈現一種獨特超群的風格。人人都有自由評論冠軍的服裝風格，但他穿的這套服裝正足以說明他就是這樣的球員，或至少他想成為這樣的球員。這身裝束讓納達爾就像個身體素質優越的海盜，隨時準備掠奪船隻，竊取他在途中發現的所有寶藏。

「納達爾不像費德勒或喬科維奇那樣相信自己。他需要穿上自己的戰士服。拉法只是個能贏球的普通男孩。」1982至1988年間贏得三座法網冠軍的瑞典選手韋蘭德說道。

「做好準備工作的演員」

西班牙蠻牛穿上自己的戰士服，走進球場，左手拿著球拍，就

他需要穿上
自己的戰士服。
拉法只是個
能贏球的
普通男孩。

像古代競技場上的鬥士。而他在比賽開始前就散發出的氣場可不能等閒視之。

「一切就從更衣室開始。他邊走邊跳躍的熱身方式令對手印象深刻，」法國選手加斯凱的前教練艾力克・戴布利克（Éric Deblicker）說道：「更別說抽籤後的衝刺！」

前職業選手法蘭西斯科・洛伊（Francisco Roig）自2005年起進入納達爾的團隊[3]。他說：「當他接受理療師拉斐爾・梅墨（Rafael Maymo）按摩完從按摩床起身，他就變得令他的對手感到害怕。單單他綁頭巾的方式就更加令人害怕。然後，他會突然很大聲地呼吸，然後一下子加快速度，奮力跳躍活動他的腿；然後，彷彿忘了他的對手就在幾步外的地方，他會大吼一聲：Vamos！Vamos！喚起他體內某種動物本能。」

納達爾還喜歡進行一些非典型的賽前熱身。「早年，拉法擊球真的非常強而有力，有時我們甚至沒辦法截擊！」穆帝斯回憶道：「我們法國選手一開始還能保持冷靜，甚至在比賽還沒開始就互相攻擊⋯⋯但他的做法並沒有什麼侵略性。他人就是這樣，從進到球場就完全專注在比賽上。」

迪・巴斯卡勒因為經常觀察他的賽前儀式，因此從中覺察出

3　編按：2022年底已結束合作，離開團隊。

「一個必要條件。我不覺得納達爾身上有這種想要嚇住對面選手的欲望。他有點像是登上舞台前做好準備工作的演員。他做這些是為了自己，並沒有在想他的對手。或許這就是他所需要的，好讓他全力以赴拿到比賽的第一分。」

「納達爾學會劃分事物：賽事期間他很和善、討人喜歡，不會拒絕自拍或簽名，但有時候他會消失，去穿上他的舞台服裝，」1997至2018年間任職於法國網球協會的心理學家馬奇斯·夏馬里迪斯（Makis Chamalidis）說道：「這是一種對外的說法：**我正在做準備，現在請別再打擾我**。因此，他才有了適當的準備，讓他從比賽或訓練一開始就百分之百投入，而這並不是人人都可以辦到。」

威嚇力

我們或許可以把納達爾看作網球版的前拳擊明星麥克·泰森（Mike Tyson）。泰森因為他的體格、銳利目光、無可爭議的魅力，讓他擁有這個甚至在鑼響之前就在心理上嚇退對手的天賦。這位重量級拳擊手向對手灌注恐懼，以致他很多比賽都打鬥得很迅速。納達爾也是這般攻勢凌厲嗎？

洛伊對於這個問題有他的看法。「無論對手的想法是什麼，都不會妨礙他保持謹慎小心的目光，他會告訴自己：喔，天啊！這就**是納達爾，是那個把每一分都當最後一分打的納達爾。今天，我必須保持最佳狀態，這是我人生的大日子。不是爲了贏球，只是爲了把握機會**。」

法國球員柏諾瓦‧佩爾（Benoît Paire）與納達爾交手四次都沒拿過一盤，從未把這些對戰當作有趣的派對。「在網壇，納達爾是個特別的男孩。他是令人生畏的角色。他擁有所有這些大滿貫冠軍頭銜、這些法網冠軍頭銜，而且改寫了這項運動的歷史不是沒有道理的。這傢伙自律甚嚴，像機器人般擊敗所有人。當你冷靜地在準備，卻在更衣室看到他在一旁跳躍時⋯⋯觀察他是會讓人印象深刻的：他會動個不停，會做體能訓練，為了流汗，為了在第一分就達到百分之百的狀態。我一直都很尊敬拉法。更年輕的時候，當我參加ITF男子巡迴賽（最低級別職業網球賽）時，就在電視上看他。某種程度上，他始終是典範，因為他的打法很美，也因為他優異的心理素質。我很欽佩他的表現。當我在更衣室看到他時，他仍然是納達爾，我突然想把自己移到一邊，以免和他的目光接觸，以免看到他已經處於**動物**模式！他的態度很了不起，令人印象深刻，而且必須承認，作為對手，這有點嚇人。」

　　坦白說，我們不記得有哪個球員在交手前會做這樣的準備。夏馬里迪斯帶我們再往前推幾年：「2000年初，當納達爾剛參加巡迴賽時，法國球員都不把他放在眼裡。在走廊衝刺，自我激勵，這些都不是那個時代球員會做的事。他在賽前做的所有事情都讓人知道只有身體熱了是不夠的，還得做好心理準備，從練球開始，並且為了做到這一點，他已經發展出某些儀式。比如說，每次法網決賽前，他都會避免去看法網的冠軍獎盃。他和那些專注在自己正在做的事情結果上的球員不同，像是他人的看法、成績的重要性。它體現了活在當下的這個概念。就是因為這樣，他把所有這些標準流程都安排好，雖然有點迷信，卻可以讓他把自己調整好，做好劃分。」

滿矛盾的，
他的心態有如機器人，
但同時我們看到的卻又
是既敏感又焦慮的人。

悠長的儀式傳統

　　你在說打球儀式嗎？對於納達爾來說很少。當然是開玩笑的。要將納達爾和他特有的小怪癖區分開來還真難以想像。超過20年的職業生涯，納達爾在全世界的網球場上向我們揭示一些意味深長又出人意表的儀式。但他並不是特例。

　　男女職業球員向來都有自己的儀式。而且五花八門。發球前，馬克安諾會執拗地用手指夾住衣角。前世界第一山普拉斯習慣經常更換拍線。難道拍線移動了嗎？誰也不確定。我們還發現一些更好玩的事情，這些事情根本和網球運動沒有多大關係。柏格總是留著鬍渣參加溫網比賽。據這位瑞典前球王的說法是因為迷信，他解釋說1976年，也就是他贏得溫網第一個冠軍的那年，他都沒有刮鬍子。這位六座法網男單冠軍的信仰還要更多一點：條紋襯衫與紅色運動上衣，他總是穿著同樣的衣服……然後開著車走同樣的路線到球場。說到服裝，西班牙選手科雷查一直穿著同一條短褲，直到輸球。但請放心，短褲每晚比賽完後都會清洗。

　　如今，打球儀式比以往任何時候都更廣為流傳。舉有史以來最偉大的球員之一喬科維奇為例，一發或二發之前，要是沒有讓他的球彈個20下，他就不會發球了！這個習慣激怒了不只一個對手，還讓喬科維奇得到幾次超時警告。每盤開始之前，美國球星小威廉絲（Serena Willams）總會從球網的另一邊通過，與大部分會回到座位擦汗和喝水的球員相反。

　　法國球員也不遑多讓。哦，不！每當發球得分時，加斯凱都會等個幾秒再去回收球。另外，看著球僅衝向他等著要給他

球，然後看到他用同樣的球發下一球，其實還蠻有趣的⋯⋯這是男女球員都很常見的習慣：薩維耶・馬利斯（Xavier Malisse）、康奇塔・馬丁妮滋（Conchita Martinez）與戈蘭・伊凡尼塞維奇（Goran Ivanisevic）都很相信**魔球**的概念。最後，看瑪麗昂・巴托利（Marion Bartoli）在打每一球之前的儀式，真讓人發窘：轉身背對著對手，然後擲球揮拍。

球員的怪癖多到不可勝數。有些不協調的行為讓我們的冠軍以為機會站在自己這邊。拉法的前教練普塔倒不信這個某些人稱之為怪癖的東西。「球員成年後，就必須能夠區分躁動與迷信之間的不同。危險的是年輕人在某個時候對自己說**我贏不了是因為我沒有做這個或那個動作**。我試圖避免讓孩子們步上後塵。但在拉法的例子中，一切都很順利。他有很多怪癖，但這些怪癖不會讓他覺得窒息。」

🎾 放空的儀式

納達爾執著於各種儀式，也受到眾人質疑。想必你也注意到其中幾個。讓我們從最令人困惑的開始？就是每當換場後，納達爾會在座位上，將面前的兩瓶水或能量飲料擺放整齊。尤其是他可以花幾秒鐘時間把它們調整到就定位！這不是我們一般人習慣的那種行為。

「2005年第一次參加法網時，拉法把水瓶排在他面前，然後球僮把這些瓶子都收到冰櫃裡，」普塔笑著說道：「然後他又去拿回

來，重新排在他面前，但是當他在比賽期間，球僮又再次放回冰櫃！然後當時他還不會講法語⋯⋯真是太好笑了！」

即使在今天，這個水瓶的故事還是讓愛蜜莉・羅伊愣住了。「當他把它們擺在面前時，大家都說他真是瘋子！我不知道他在想什麼。他為什麼要把它們擺在那裡？這樣能夠讓他留在自己的泡泡裡嗎？他是否想到他剛剛的舉動？可以確定的是，他做了，因為這是種儀式，網球員需要抓住一些東西讓自己專注⋯⋯無論如何，這是屬於他的儀式，而我們可以說效果很好。」

納達爾從來沒有掩飾過它：他不太喜歡談他的儀式。但你想必已經料到冠軍被逼問這個主題的情況了。2020年1月，這位多屆法網冠軍得主試著提出一個解釋：「當我擺放這些瓶子時，我坐著，我可以思考其他事情。當我總是做著同樣的事情，代表我很專注，並且只打算思考網球的事。」

夏馬里迪斯提供他的觀點：「納達爾告訴自己：**這個時候，我要專注，不要想會做得不好、會失誤**。而他是對的：與其設想未來或回想過去的事，倒不如專注於我必須做的事。從那一刻起，這就是條不歸路，他進到自己的泡泡裡，而這讓他可以不用設想。」他補充道：「這讓他放心它們都還在同一地方。假如情況不是這樣，嚴重嗎？對他來說，也許。這是一種強迫症，但也是一種說**我才不在意別人怎麼想**的方法。這麼做，比被看作或當作是一種病更重要。他就是這麼做的。」

換邊回座位前，納達爾還會主動讓對手先從他面前走過。換邊之外，還會很驚訝看到他小心翼翼地不踩到白線。

「我覺得這當中包含兩種東西，」前職業球員巴許羅分析道：「一是**迷信**，一是**專心**。我覺得這些儀式可以在第一時間讓他安心，因為人類總是害怕未知。而網球比賽，就是未知，我們無法知

"

這些儀式

能令他安心、專注，

心思留在比賽上，

而不會分心。

—

道比賽會發生什麼事。這就是為什麼很多球員都有這類儀式的原因，無論可見或不可見。在納達爾身上尤其明顯，而他也不想隱瞞。這些儀式能令他安心、專注，心思留在比賽上，而不會分心。納達爾憑藉這些怪癖贏得那麼多比賽，以致他下意識告訴自己，只要一直這麼做，他就會持續贏下去。」

然而，納達爾並不想被看成是迷信的人：「如果是這樣，那麼每次失敗我都要改變儀式。我不是儀式的奴隸：我的生活一直在改變，而競爭和訓練是不一樣的。大家稱為**怪癖**的東西，是讓我整理頭腦的方法，我平常也是很亂七八糟的。它們是讓自己全神貫注並且壓制內在聲音的方法。不聽那個告訴我我會輸的聲音，或是更危險的，跟我說我會贏的聲音。」

拉法藉著這些儀式，試圖保護自己面對未知。而在網球場上，未知會化成不同樣貌；它可能是對手、分數、錯判、受傷的風險或是觀眾。有多少球員在一場高風險的比賽中倒下，無法對有敵意的觀眾視而不見？請回想一下辛吉絲在1999年的法網決賽時被巴黎觀眾攻擊的情形。當她以6-4、2-0領先史黛菲·葛拉芙（Steffi Graf）時，當冠軍獎盃正在等著她時，這位瑞士選手卻失去了冷靜。當她走過網到對方球場指出球印（這是完全禁止的）後說不想繼續比賽，辛吉絲成了眾矢之的。最後的結果也載入法網的歷史：她打完三盤後落敗，然後流著淚走向看台找她母親，彷彿受到重創。

即使在他還年少的時候，納達爾也從沒被決賽的處境壓倒過，彷彿他對各種形式的壓力都免疫。

　　2022年3月，大坂直美在印地安泉大師賽被一名女觀眾大聲斥罵後難過得淚流滿面，納達爾向這位日本球星表達支持。「我對於發生的事感到很糟糕，這種事永遠不應該發生。我為她感到難過。」但拉法也提醒她適應外在因素的重要性。「在真實的世界，這種事情隨時都可能發生。我們有幸成為網球選手並且從所有這些不可思議的經驗中得到好處。我們贏得獎金。我們必須為此做好準備。我們必須學會抵抗這些當我們暴露在公眾面前時可能會發生的事。當大家支持我們，我們都很高興。但是當情況並非如此時，我們也必須接受它，然後繼續前進。我知道直美心理承受極大的壓力與困難。希望她越來越好。但人生沒有什麼是完美的，我們應該隨時準備好面對逆境。」

⊘ 發球名場面

　　他發球前的一連串動作也值得我們來討論一下。拉法不停地重複同樣動作：拉拉他的內褲——「他的屁股老是有問題」，普塔開玩笑地說，然後稍稍提一下肩膀部位的上衣，然後再用手把頭髮撥到耳後。最後，很快地擦幾下鼻子。花好幾秒鐘做好這些準備後，他的右手準備拋球。他發球前的手勢，有點像是法國電影《亡命的老舅們》（Les Tontons Flinqueurs）的煮飯場景：大家都認識它。這個場景什麼都有：重複、好玩、讓人尷尬，甚至難受。

其實很難不對這件事發表意見。評論過納達爾很多比賽的記者弗德里克·維迪耶（Frédéric Verdier）也有自己的看法。「說實話，看了有點難受。瘋狂的是，就算是一般比賽，每次發球他還是給我們同樣的場景：摸摸耳朵、鼻子、頭髮、臀部……每個球員都有自己的怪癖，但他這種的，我還從來沒見過！」

這個名場面甚至被人嘲笑。2020年的澳網，尼克·基里奧斯（Nick Kyrgios）與吉爾·西蒙就故意開起玩笑，搞笑模仿他的發球，引起觀眾大笑。總之，我們可以打趣它，但他做這些不是為了尋觀眾開心。

「他發球前所做的，就是觸動動覺部分的動作，」夏馬里迪斯解釋：「**我摸摸自己，讓自己安心，這些是我身體的一部分，我在對我的身體傳達信號。**這就像是準備清單。做這些動作的同時，我不會去在意分數，不會在意對手在做什麼，而是專注在把自己調整好。」

你應該猜想到，納達爾訓練時是不做這一連串微動作的。一直以來這個儀式只在比賽時才有意義。

「大部分年輕球員發球都很快，」巴許羅說道：「我覺得他應該被教育及訓練要保持從容不迫、準備得分，以及為了即將到來的擊球來回提高所需的能量。在每次得分之間一直重複做同樣的事是很不容易的！如果一定要說一些內心話，他會對自己說：**我就按照我平常做的做好準備，而如果我把這一切都做好了，我就準備好要取分了。**因此，他身體力行。」

「我們都忘了一件事，在做出所有這些小儀式的同時，他一面全神貫注在比賽中，一面問自己，」歐斯納補充道：「**我要選擇哪種打法？我要進行什麼戰術讓對手陷於困境，然後得分？**已經好多年都是這樣了！」

這情況確實已持續好多年。多年來，納達爾的對手不得不面對一個角色，如此顯而易見，卻也總是令人困惑。

「整體來說，比賽中我不太看對手，」佩爾說道：「當我們和納達爾交手時，我們會更專注在打了幾局這件事上！事實上，在我們的對戰中，我很少注意他的面部表情。他做他的事，我做我的事。換邊時也一樣。我不看他在做什麼。我比較注意我的陣營，我努力保持專注。他的怪癖不會打擾到我。最後，他還是做了他想做的事，不是嗎？這對他來說效果還不錯，因此只要他遵守規定，還是要尊重他。」

對夏馬里迪斯來說：「對戰納達爾代表挑戰升級。你面前的這位選手，他呢，不管拿了幾分，總是做著相同的事。滿矛盾的，他的心態有如機器人，但同時我們看到的卻又是既敏感又焦慮的人。」

「充滿不安與恐懼」

的確，當你看到納達爾在場上的好戰態度，他的自信滿滿，但他私下其實有點「軟弱膽小」時，你或許會感到意外。納達爾的母親安娜‧瑪莉亞‧帕雷拉（Ana Maria Parera）提醒我們，她的兒子「置身世界網壇巔峰，但是在他內心深處，他是個極度敏感的人，充滿各式各樣的不安與恐懼，不認識他的人實在很難揣想。」

因此，納達爾在人行道上看到有隻狗迎面走來，他會繞道而行（我們不知道是哪些品種會令他害怕），他會被暴風雨嚇到，他怕

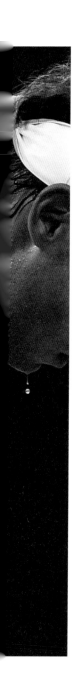

黑，膽小到一個人在家也會緊張。假如你有幸認識他，去遊樂場玩請不要建議他跳傘或玩雲霄飛車，你會被拒絕的。猜猜他下飛機時的第一個反應是什麼？他會打電話給他媽媽。這份恐懼，隨著納達爾走遍全世界的網球場。

觀察納達爾多年後，艾曼紐‧歐斯納還是很困惑。「這個男孩有很多恐懼，這就是為什麼他有這麼多儀式的原因。他進場時一定是左手拿著球拍，不會踩在白線上……依我看，差不多到病理學的範疇了。我覺得他怕觀眾，也怕判決。這個男孩為自己創造了一個他以為能控制一切的世界，包括比賽。這是完全錯誤的。當我們仔細想想，甚至更愚蠢：相信一個球員抓抓屁股、撓撓左耳或右耳就會把球發得更好，實在沒有任何意義。然而，他卻深信不疑。因為這是一種信念，所以最好保持。」

「納達爾有個近乎反恐懼症的方法，」夏馬里迪斯解釋：「他會做一些事情讓自己不要去想，也讓他不要害怕。我們可以怕黑、怕空虛，但當我們在自己的元素裡，當我們知道自己為什麼在那裡，那麼我們就能找到我們所做事情的意義。他找到刻苦訓練及用激烈手法打球的意義。這是一種執迷，而他的執迷比害怕做不好的恐懼更強烈。這幾乎是一道數學方程式：**我執迷於我要做的事，至於行不行得通，不是問題。**」

情緒控制

納達爾因此成功驅走不安，直到完美地控制情緒。請花點時間

"

這個男孩
爲自己創造了一個
他以爲能控制
一切的世界，
包括比賽。

——

再看看他的幾場偉大比賽，尤其是那些最痛苦的挫敗，數一數拉法顯露沮喪與憤怒的次數。非常非常少。

「如果你開始摔拍，就是向對手展現你的弱點。這麼做，等於把贏的機會抵押出去，」巴許羅思考後說道：「正因為他從來沒有這種不高興的動作，因此他甚至不用想。對他來說，事情很簡單：這根本不用考慮，這是被禁止的，根本無濟於事。這是另一種心態。他從另一個視角看事情。而他是對的。但這是需要從小就開始努力的。」

納達爾自己則說：「在我家，家人從不允許我這麼做。對我來說，摔球拍，就等於無法控制自己的情緒。」

2012年，在一場教練的研討會上，孟菲斯和松加的前教練維諾格拉斯基有機會和拉法的伯父教練托尼對談。我們也更加明白了。「我參加是為了談球員的行為和態度。他是很簡單的人，想什麼就說什麼，不傷害任何人。對他來說，和西班牙球員恰恰相反，法國網球員的表現就像技術非常好的球員，可以在任何場地打球，卻沒有人有樹立遠大抱負的態度，也就是贏得大滿貫。而值得托尼尊敬的球員，就是可以控制情緒和身體語言的人。」

根據瓦倫西亞La Calderona國際運動員康復中心主任保羅·多羅辰科（Paul Dorochenko）的說法，納達爾控制自我的能力真是令人嘆為觀止。

「長久以來，納達爾的所作所為總有令人擊節讚賞的特質。雖然他是右眼和左腦占主導地位，也就是他有個非常理性、具分析能力的大腦，甚至擁有能忽略這類大腦情緒的心理素質。而像費德勒這類左眼和右腦主導的人，處在壓力下則更好，因為他們少思考，多行動，打球方式也更自然些。壓力並不能真正影響他們，他們能夠超越它。相反的，假如球員是同質者（homogène）[4]，然後參加一場非常緊張的比賽，他會認真思考比賽結果的重要性及每一分之後會發生什麼事。同質者會有這種在重大壓力下想太多的問題，而當你想太多的時候，運動機能就降低了。他們想得越多就越不好。儘管如此，拉法還是成功控管自己的情緒。這是非常了不起的。」

這就好像納達爾的形象帶有哲學意味：因著他不可思議的抽象能力，彷若斯多葛學派（淡泊、堅忍）的化身。這讓他可以持續不斷地待在自己的氣泡中。

---

4 譯註：主眼為右眼，慣用手亦為右手者或主眼為左眼的左撇子。

4

紅土球場
的天選之人

如果納達爾的職業生涯能有如此成就，這是因爲他找到可以讓他的天賦盡情發揮的理想場地：紅土球場。在紅土場上，他的打法有時近乎完美。他的戰績是難以想像、不可思議的。

　　請做好準備：這需要花點時間。20多年的職業生涯，納達爾享有無數紀錄。這位西班牙球星在他贏得的92個冠軍頭銜中，有63座是在紅土球場拿下，包括14座大滿貫及26座1000分大師賽。遙遙領先追隨其後的阿根廷選手吉列莫·維拉斯（Guillermo Vilas，49個賽事冠軍），與奧地利的托馬斯·穆斯特（Thomas Muster，40座冠軍，包括1995年的法網）。至於他的兩個最大對手喬科維奇與費德勒，在紅土球場總共獲得29座冠軍。

🎾

拉法與羅蘭

　　隨著他14次成功贏得法網決賽，納達爾在法網歷史上所代表的意義已毋庸置疑。反之亦然。在2021年的賽事之前，納達爾甚至為自己的雕像揭幕：這座由西班牙雕塑家荷迪·迪耶茲·費南德茲（Jordi Diez Fernandez）設計的不鏽鋼雕塑，高三公尺，寬約五公尺，透過11根鋼索連接框架。「這是我職業生涯最重要的比賽，」拉法對著他的鋼鐵雕像說道：「每當來到這裡，我都感覺像回家一樣。」

　　這裡得提醒一下，納達爾自2005年第一次參加法網並贏得獎盃

開始，2006年至2008年連續三年奪冠，2009年才敗於第一次交手的瑞典選手羅賓‧索德林。拉法在2010年重新征服巴黎球場，並延續到2015年，這年在八強賽遭遇喬科維奇，並唯一一次以直落三盤落敗。2016年，因手腕受傷，他不得不在第三輪前宣布退賽。但巴黎賽事和紅土之王間的愛情故事離結束還早得很呢：2017年納達爾再次重登王座並贏得接下來的三屆冠軍。2021年，第三次在法網敗北。最有希望奪冠的納達爾，在四強賽歷經四個多小時的比賽，最終輸給喬科維奇。當局還直接解除疫情期間頒布的宵禁令，並發給當晚5000名觀眾一顆美味糖果。2022年，浴火鳳凰涅槃重生：深受左腳傷痛之苦的拉法，在紅土球場的備戰賽一場都沒贏，對他來講這是第一次。他在巴黎球場的第14座獎盃似乎有點烏托邦，然而2022年6月5日不僅成真，還獨一無二。最艱困的兩個星期結束時，儘管期間我們的冠軍發出了令人不安的訊息，最終他還是實現了再次舉起法網火槍手盃的壯舉。可以肯定的是，**拉法**與**羅蘭**之間的連結仍是堅定不移、牢不可破。

我們來快速算一下：納達爾在法網打了115場比賽（創紀錄），贏下112場（另一個紀錄），比喬科維奇多27場，比費德勒多39場。然後，我們把最好的留到最後：納達爾在兩星期的賽事中未失一盤贏得冠軍的年份：2008、2010、2017及2020，共四次。他當然也在光之城教訓了幾位最強好手：費德勒、喬科維奇，還有安迪‧莫瑞（Andy Murray）、史坦‧瓦林卡（Stan Wawringka）、多米尼克‧

蒂姆（Dominic Thiem）或戴波特羅，這裡只提得過大滿貫的冠軍得主。他們都可以為納達爾這位年復一年最受愛戴的偉大球員地位背書。

「我不認為他來法網是輕鬆的，」《隊報》記者荷布雷說道：「每次他來到巴黎，都像頭上頂著把刀。事實上，每年在法網後他就知道他的賽季是否成功。一旦他贏得賽事，他的這一年就已經令人信服。但有些地方，他沒有犯錯的餘地：就好像他通過了今年的文憑。因此，快樂當然是排在第二位，排在某種形式的壓力之後。法網之後，就好像這是額外獎勵一樣，因為他在他覺得地表最好的地方做了他應該做的事。」

網球記者維迪耶近距離見證過納達爾在網壇創下的精采史詩，認為「納達爾把機會都清除了，特別是在羅蘭卡洛的機會。這讓我佩服不已。你可以充滿信心地說出一個一生都在打網球、很強的球員，而他還是會被納達爾教訓一番，無論拉法年紀為何，無論他的打球狀態如何。喬科維奇可以說是唯一一位對戰納達爾有機會贏的奪冠熱鬥。但是在我心裡，或許直到最後，他在法網的所有對手都不能看作是比較有希望獲勝的那方。紅土球場的主人，就是納達爾，別無他人。」

巡迴賽的選手都有這種感覺。2012年，喬科維奇不就說過納達爾「構成紅土球場的絕對挑戰」？我們也喜歡2006年法網第一輪被納達爾橫掃的美國選手凱倫‧金（Kevin Kim）的說法，他認為「和納達爾在法網交手，有點像是在撒哈拉沙漠中央，沒有食物，也沒有水。脫困的機會渺茫。」瑞士網球史上僅次於費德勒的二哥瓦林卡對於這個極端的統治沒有異議。2017年6月11日，在他第二次的法網決賽，遭遇狀態絕佳的拉法，粉碎了他在巴黎紅土贏得第二座法網冠軍的想法。西班牙選手以6-2、6-3、6-1直落三拿下比賽，直到

今天瓦林卡依舊表現出他的無能為力。「在紅土上，要撼動他並得分很困難。這場決賽我已燃燒殆盡……在草地和費德勒交手都還沒那麼讓人灰心。你不會贏，但你可以占點小便宜，偷點師，學點打法。」

「他在紅土場上的表現太不真實」

當然，納達爾的胃口不會局限在法網。在蒙地卡羅，打敗納達爾長久以來就是一種終極挑戰。2003至2021年，納達爾參賽17次，完成11次舉起冠軍獎盃的壯舉，一個短期內不易打破的紀錄。除此之外，還有一次決賽失利及兩次四強。在這項賽事打敗納達爾的選手人數用一隻手就算得出來：喬科維奇（兩次）、阿根廷選手柯里亞、西班牙選手大衛・費雷爾（David Ferrer）、義大利選手福尼尼，以及年輕俄羅斯選手魯布列夫。

來到羅馬大師賽，選手們在義大利首都北方的豪華運動中心Foro Italico比賽，而長久以來納達爾也在這裡豎立他的旗幟。參賽18次，拿下10次冠軍，另外還打入兩次決賽。在羅馬城，他打敗費德勒、喬科維奇（2019年決賽，納達爾賞了他一盤6-0）兩位傳奇，以及眾多名將：西西帕斯、莫瑞、馬林・契利奇（Marin Cilic）、瓦林卡、費南多・岡薩雷斯、托馬斯・柏蒂奇（Tomas Berdych），以及亞歷山大・茲維列夫（Alexander Zverev）。

2009年開始在紅土球場舉行的馬德里大師賽，可以為見證過納達爾的奪冠而自豪：出賽18次，得五冠。值得注意的是他並不是那

他在紅土場上的
表現太不真實。

麼在意馬德里球場的土：西班牙首都位於海拔667公尺（巴塞隆納12公尺，巴黎35公尺），比賽條件對他來說比較不利。「他喜歡讓球彈射出去，而這要用比較彈跳的球來打才有利。但是因為馬德里海拔高，讓他比較難控制，」前法國選手吉爾貝（Rodolphe Gilbert）就解釋：「假如用較重較濕的球，他擊球的衝擊力就會減小。」沒關係！儘管有這些困擾，拉法依舊是這項賽事拿過最多冠軍的選手。

最後，大家別忘了自2017年起，巴塞隆納的中央球場就以納達爾的名字命名。真是瘋狂，但鑑於納達爾在巴塞隆納締造的豐功偉業，這項榮譽可說實至名歸。自2003至2022年，納達爾只失利三屆。參與過的決賽次數？12次。冠軍數？12次。他在決賽中的紀錄？拿下27盤，只失掉兩盤……

以下數字簡直令人瞠目結舌：贏得474場勝利，只輸了45場，勝率91%，拉法在紅土球上擁有無與倫比的紀錄。他還擁有紅土球場最長的連勝不敗紀錄：自2005年4月至2007年5月，連勝81場。最後，他是唯一一位在同一年（2010年）拿下紅土球場四大賽的選手：馬德里、羅馬、蒙地卡羅及法網。「他在紅土場上的表現太不真實。」2016年世界排名50的斯特凡・侯貝（Stéphane Robert）表示。

⊕ 西班牙的土地

這又讓我們不禁要問：該如何解釋這種至高無上的成就，讓我

們得承認，在所有運動都很難找到可與之匹敵的至高成就？

根據參加過18次法網的法國女選手柯內的說法，這結合了許多參數。「他有典型西班牙球員的移位，而這在他締造紅土球場成就上扮演重大角色。滑步、場上的站位等。此外，他的正拍上旋球、他的移位讓他可以擊球到球場任何位置，因為他可以擊出難以置信的角度。他的球在紅土上彈得很厲害，讓對手幾乎打不到球，被迫盡可能退到底線後面。除此之外，他現在越來越常上網，成功縮短得分，這讓對手陷入困境。我們還看到這是他最喜歡的場地，他在此成長茁壯，他在這裡打球比其他人都感覺更好。」

根據紅土球場發展協會的統計，84%的西班牙球場是紅土球場。西班牙人用紅土建造他們的花園。還有別忘了，在納達爾颳起旋風前，還有很多西班牙球員都在紅土場上大放異采。以法網為例，自1961年馬諾拉‧桑塔納（Manola Santana）贏得大滿貫以來，已有六名西班牙人在法國首都奪冠：安德列斯‧吉梅諾（Andres Gimeno）、塞吉‧布魯格拉（Sergi Bruguera）、莫亞、亞伯特‧科斯塔（Albert Costa）、費雷羅及納達爾。女選手方面，在1989至1998年間，則有拿過三次冠軍的阿蘭查‧桑琪絲（Arantxa Sanchez），以及2016年也寫過賽史的加比涅‧穆古魯扎（Garbine Muguruza）。如此多的勝利絕非偶然。

「西班牙球員在紅土球場上成長，」1988年打進法網八強的伊米利歐‧桑切斯說道：「這是個要求很高的場地，球的速度比草地或硬地球場慢，這迫使你打出更多拍⋯⋯因此，西班牙球員很早就開始在這種球場上練跑動。當你在很小的時候就必須每一分每一球都要打時，你在身體上與心理上都必然會變得更強。」

在納達爾八歲時就認識他的西班牙教練普塔說得很明確：「在馬約卡島，90%的球場都是紅土球場。拉法大都在這種場地打球，

但也不是一直都這樣。他所在的俱樂部，馬納柯俱樂部也有硬地球場。但他並不知道馬約卡島幾乎所有場地都是紅土球場。」

紅土球場在西班牙的優勢是第一個解釋，但顯然不是唯一的解釋。如果有這麼簡單的話，那最近這幾年一些優秀的西班牙球員——納達爾除外，羅伯托·包蒂斯塔－阿古（Roberto Bautista-Agut）、巴勃羅·卡雷尼奧·布斯塔（Pablo Carreño Busta）或艾伯·拉莫斯－維諾拉斯（Albert Ramos-Viñolas）應該都打進過法網最後四強。然而，從未發生過。

網球的KO

納達爾的強還在於他能掌握紅土球場比賽的所有特性。這可不是個小成就。因為這個紅土球場的想法，是英國雙胞胎威廉與厄尼斯·倫蕭（William & Ernest Renshaw）兄弟出於節省為因高溫而損壞的草地球場尋找替代方案，而於1880年首次出現在坎城的赭色場地，是非常難以征服的球場，對體力的要求最高。法網無疑是掌控球賽最複雜的賽事。

「必須要能夠堅持住，因為球在紅土場上的速度比較慢，你可以打很長的來回，」普塔解釋：「拉法的打法以及戰鬥傾向有助於他理解這個球場的打法。」

儘管這麼多年，納達爾依然是巡迴賽最耐戰的選手之一。他橫掃底線同時消耗對手力氣的能力無庸置疑。前世界第一海寧在法網也有了不起的統治紀錄。雖然她的統治時期沒有納達爾那麼長，但

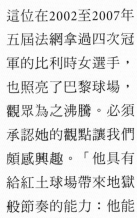

這位在2002至2007年五屆法網拿過四次冠軍的比利時女選手，也照亮了巴黎球場，觀眾為之沸騰。必須承認她的觀點讓我們頗感興趣。「他具有給紅土球場帶來地獄般節奏的能力：他能一次又一次展現相同的努力……無論是第一個賽末點還是比賽結束前的一個來回，他都打出同樣的強度。這股有規律的強度讓你幾乎沒有放鬆的時刻。我們可以把他看成一台機器，即使我們都知道他背後所做的努力。」

　　2004年在西班牙阿利坎特（Alicante）的紅土球場舉辦的台維斯盃，四強賽法國隊對上西班牙隊時，亞諾・克雷蒙得以和這台機器打交道。回想起這場比賽，他覺得很好笑。「比賽開始時有點膠著，第一盤四比四。我打得很好，我在腦海裡跟自己說，他才18歲，只要我繼續保持這個水準，他就堅持不住了……吉・弗傑（Guy Forget，當年台維斯盃法國隊隊長）覺得比賽進行得很順利。問題是他突然間上升一級，上升到我無法達到的程度。很快就從我控制的局勢變成我以6-4、6-1，5-0落後的局面（克雷蒙最終以6-4、6-1、6-2落敗）……不是感覺打得很差，而是無能為力的感覺，面對這個始終打出致勝球、打得很精準，尤其是每一分都不放過的球員，那股無法克服的無力感。這個18歲男孩持續施加的強度是很驚人的……今天，我能夠雲淡風清地談論它，但當時，我的網球就好像被KO了一樣。當時我還真不明白發生了什麼事，也不清楚我怎麼就

被這麼年輕的小伙子控制到這個地步。」

　　克雷蒙不是唯一遭遇到猛烈的伊比利颶風、看著分數溜走，彷彿這就是宿命一樣的球員。納達爾在法網的112場勝利中，有87場是直落三獲勝。只有三場比賽打到第五盤：對戰伊斯納、喬科維奇與菲力克斯・歐傑－阿里亞辛（Felix Auger-Aliassime）。最後這些人都輸了。這個超現實的紀錄充分說明了這些球員無法跟上這位西班牙冠軍的節奏。

很痛的巴掌

　　納達爾能展現這股知名強度，很大程度要歸功於他讓對手精疲力竭的正拍——知名的**套馬索**。更何況就像前職業選手迪・巴斯卡勒所說的，「在紅土球場，他有更多時間調整自己。由於他的移位很快，他還可以打出更多正拍。這個能力讓他在這種球場上像個怪物般可怕。」

　　俄羅斯新世代代表之一魯布列夫在紅土場上與拉法的對戰是勝多於負。對，對，確實如此。嗯，可是他們只比了一場，2021年的蒙地卡羅。這位25歲選手以6-2、4-6、6-2的比數獲勝。倒也不必因此充好漢。「在紅土場上，他擁有巡迴賽最好的正拍之一。他加快揮拍的方式令人難以置信。他不是唯一一個：我自己、蒂姆，我們都可以為正拍加一點速度，但拉法能夠把這個速度加得那麼快、那麼強而有力……你可以看到跟其他選手的差異！」

　　如果納達爾在紅土球場的正拍如此令人生畏，那是因為他的力

量充滿了自制力。可以說這就像一道很好的老食譜：納達爾放了三匙力量，再加上難以置信的角度，最後加上不可或缺的成分：他那具毀滅性的上旋球，按普塔所說的，「網球史上最厲害的」。納達爾擁有的這種讓球旋轉，也因此讓球變得難以控制的能力，成了他的活招牌。

吉爾貝就很喜歡把上旋球形容為西班牙傳統。「我們常說那些西班牙人喜歡讓球噴射。他們大都將球拍握得很緊，擊球時手腕大力揮出。我認為第一個打出這種上旋的球員是布魯格拉（1993與1994年法網兩屆冠軍得主）。他之後就有球員開始將上旋球融入他們的打法。但納達爾又是另一個層次。他的力量更強，而裝備又為他帶來真正的優勢。因為使用Babolat Pure Aero球拍打球，我可以跟你說它會幫你打上旋球！平擊的話，這個球拍的效果就差一點。除了納達爾使用的拍線，這個球拍還有利於球旋轉。用1970年代所使用的腸線球拍打上旋球會比較難。但必須了解的是，讓你進步的不是你擊球的猛烈程度，而是你擊了10000次。是重複練習讓你成為優秀的球員，而他在這方面的努力付出令人印象深刻。」

幾年前，美國網站Tennisplayer透過捕捉網球運動員所有技術動作的影像視訊系統，展示了納達爾正拍擊球的猛烈，以及他的上旋球的革命性特徵。當球接觸到一般職業球員的球拍時，球的轉速平均每分鐘2500轉。

但納達爾的球打破所有紀錄：可高達每分鐘5000轉，平均約3500轉。經過比較，費德勒的轉速，是非常出色的每分鐘4000轉，而前輩山普拉斯和阿格西都只讓他們的球平均轉了1600轉。也就是說納達爾的上旋球是前所未有的，也因此對他的對手來說是那麼地難以理解。

精準度也絕非毫無意義。紅土球場造成的彈跳比其他場地更

厲害。海寧覺得拉法握有終極武器。「這是讓人很痛的一巴掌，他可以在球場的任何區域使用他的正拍，得以將他的對手趕出球場，打他們的反拍，耗盡他們的力氣。因為這一拍，他可以做出各種變化，但沉重感始終如一。正是因為這個原因，他的對手才會這麼難打：因為他的球會迸射，所以必須一直在肩膀上方打球，而對於單手反拍的球員來說，更加複雜！這是我們所知的最有效率的擊球之一。」

根據統計學家兼數據專家司巴羅的說法：「他的上旋球大大說明了他正拍的效率。數據顯示球越能旋轉，正拍越好。這個定律的唯一例外，是西班牙選手包蒂斯塔－阿古（2019年世界排名第九，同年打入溫網四強）：他的球很少旋轉，但以驚人的步法彌補。」

2020年退役的前比利時球員史蒂夫·達西斯從不掩飾他的欣賞。「他的正拍太傑出了，他打球又那麼猛烈，上旋球那麼厲害，讓球回彈時變得超難處理。他正拍的猛烈力道讓他職業生涯的前幾年贏得大量積分和比賽。我可以告訴你，我們其實都知道球很旋，也知道球觸地時反彈的方式。事實上，當球靠近你時，它的速度會加快，高度也會加高，當它到達你的球拍時，如果你沒站好，它會飛走，而且衝擊力非常強。」

滑步與智慧

你有沒有仔細觀察過納達爾在紅土場上的跑動？所有網球學校都會展示他的爆發力和協調性。每個移位、每個跑動、每個支撐：

他那具毀滅性
的上旋球，
是網球史上
最厲害的。

一切都在掌控中。而這也是他在紅土球場如此成功的關鍵之一。

「他擁有一種下半身的力量，我們或可比擬成滑雪運動員的力量，也就是真正低身紮在地上的姿態，而同時腳步又移動得非常快，」保加利亞選手迪米崔夫的理療師賽巴斯欽‧杜杭（Sebastien Durand）分析道：「因此，他的移動步法是非常出色的：當球快出界時，你看到他持正拍快速移動，同時又找到更穩的平衡點……我們看到他身體放得很低，他的腳移動非常非常快，他調整得很完美。如今，好像有時候會慢一點，這也很合理，但還是維持在非常高的水準。」

在紅土球場上，必須掌握滑步的藝術。要讓移位更完美，這是最基本的，而拉法就是其中的大師。

「在紅土球場的移動和在硬地球場是不一樣的，」海寧解釋：「不拿我跟納達爾比較，我能夠在這個場地脫穎而出，尤其要歸功於我的移動能力比我的對手好。滑得好，在許多方面都很重要：可以讓你掌握紅土球場，覆蓋更多球場。而拉法呢，還得考慮到整個運動層面：他知道如何在這種地面上產生力量，而這來自他的步法和滑步。」

國家訓練中心健身教練保羅‧奎丹更進一步說明：「多虧他出色的肌肉素質，他能完美地滑步。我們看到很多球員在紅土場上滑行的方式都不太對，因為他們控制不好他們的上半身：肌肉量不夠，平衡也不夠，這使他們著重在上半身而不是骨盆。納達爾則相反，他能讓自己在地上紮好，保持好平衡，因為他的下半身很有力。總之，上半身的力量讓他不會啟動時打滑，而腿部力量則讓他可以在擊球時或跑動最後控制好滑行。」

為了了解紅土場上滑步的重要性，請回想一下傳奇名將山普拉斯在法網的表現。這位14座大滿貫得主（包括七座溫網）的美國選

手，從來沒有舉起過火槍手盃，因為他真的不適應這個場地的特殊步法。

「無論在硬地還是紅土，他跑動的方式一直都一樣，」吉爾貝分析道：「我揮拍，然後滑行。在紅土上就不一樣了，你必須跑動、滑步、擊球，然後重新來過。根據我們即將接到的球，必須同時控制左腳的滑步和右腳的滑行。納達爾就能同時控制兩者。具體來說，當他打反拍時，他可以做到用右腳或用左腳滑行。這取決於他所處的局勢。他橫向移動很厲害，向前移動也做得很好。我們可以在他必須吊小球時看到：他跑動、滑行，讓人以為他要打直線，然後在最後一刻，靠著他絕佳的手腕技巧，打出完全不同的一球。為了做出完美的滑步，球員得身體力行，因此最重要的是要有好的支撐和好的腳踝。」

納達爾的移位品質，還有他的預判能力，都讓他的防守出類拔萃。你也注意到了：要在紅土場上超越納達爾非常困難。

「他在所有場地的防守都很出色，」柯內表示：「但確實，在紅土球場，因為要滑步，更加難以克服。此外，我覺得他球的落點真的很完美，他有非常厲害的視角，真正覆蓋所有角度。如今，他已不再年輕，但他的移動仍像15年前那樣⋯⋯我覺得他甚至比以前還要銳利：他變得更結實，更緊實，也更強壯了。我覺得像他要求如此高的打法，讓體格保持穩定就變得極其重要。」

納達爾的另一張王牌，是他會用腦，會思考，而且不只一點

在紅土場上，你必須擁有比在硬地球場更出色的戰術智慧。

點。最近這些年還更明顯。假如網球比賽是一盤棋，那麼拉法下棋非常有耐心。

「在紅土場上，你必須擁有比在硬地球場更出色的戰術智慧，」普塔表示：「你光打球還不夠，還要有創造力。而納達爾在這方面表現優異。」

思考，是為了進步，為了適應逆境，也為了堅持不懈。海寧表示：「贏得第一座火槍手盃的納達爾和2022年版的納達爾不是同一人了。他保留了他腳踏實地的內在本質，但為了避免受傷，他還發展出一種更具侵略性的打法，可以說更具前瞻性。」

克雷蒙非常欣賞納達爾的這種才能。「他打球的智慧非常卓越。他擁有隨時適應局勢、適應對手的能力。他可以根據需要變化他的打法，當他意識到最初的打法計畫不對時，他也可以改變戰術。但我們忘了說，他在比賽一開始所做的，往往很奏效！」

「我還記得因新冠肺炎疫情延至10月舉行的2020年法網決賽。很多人都說喬科維奇會贏，因為當年的這段期間天氣很冷，納達爾的上旋球被認為會不太有效⋯⋯但是拉法這次決賽的戰術做法非常完美。他把球打得很高，加上球沒有彈力，讓喬科維奇無法倚賴他的球⋯⋯他打得很謹慎，偶爾這樣打，但也不是一直這樣。他一直保持他的基礎打法，但是也會適時在這裡那裡放些小球。他不停思考，我們都覺得他完全知道下一球他想怎麼打，以及他為什麼這麼打。」

冷靜的力量

經過我們剛才說的這一切，應該可以輕易就猜到納達爾在法網最早幾次封王後享有的威嚇力。著名的心理優勢。

「我就不算他在熱身賽或最早的一些積分期間贏了幾場比賽，」迪‧巴斯卡勒表示：「很多球員在面對既全面又強勢的球員時都深感無能為力。」

看看拉法在紅土場上對戰幾位世界Top10球員時的戰績也蠻有趣的。總之，都是一些大咖。在紅土球場，納達爾對戰費德勒的紀錄是16場比賽中贏了14場；2009年，費德勒應該很慶幸納達爾早早淘汰，因為這一年是他唯一一次奪得法網金盃。對戰瓦林卡是8勝1負。對同胞費雷爾是20勝2敗。2017年世界排名第三的保加利亞選手迪米崔夫在他們的六次交手中，沒有贏過一場。兩位法國選手孟菲斯與加斯凱也好不到哪去，分別輸了六場與八場。我們就不算那些送去學習迎戰正拍的不知名球員。對於拉法的很多對手來說，這就宛如詛咒，永遠也逃不掉。

桑切斯很慶幸自己跟他的同胞不是同一世代。「即使他很用力擊球，納達爾在場上給人的感覺還是很敏捷。而這，就讓他的對手很氣餒！他們當中有些人都說他們無法像這樣打五盤。因此，很多人都早早就放下武器。」

彷彿這還不夠，還有一說納達爾因為在羅蘭卡洛的中央球場，菲利普夏特耶（Philippe Chatrier）球場出賽多次而受益。納達爾於2005至2022年間參賽，就在這個場地贏得14次法網決賽。

而拉法在那裡就像在自家一樣如魚得水。「在菲利普夏特耶

球場和納達爾交手，是你能遇到的最大挑戰，想想他在這裡的紀錄。」2021年，喬科維奇在四強賽把紅土之王拉下寶座前說道。

1992年世界排名第61的吉爾貝參加過八次法網。他負責導覽：「這個球場是這麼大，看看兩端、底線與看台之間的距離和深度。當你在場上的時候，打球的視角是不一樣的。你會感覺深度深很多，這是錯的，因為它的面積和其他球場都是一樣！我第一次在這個中央球場打球時就很困惑。我找不到我的方位。難道這座球場對納達爾比較有利？很難說。可以肯定的是他無疑更容易找到對角，而這會讓對手跑出球場，迫使他多花一些力氣。但我覺得這比較是習慣問題：這裡是他的花園，他在這裡打了那麼多比賽。」

納達爾奪下第14座火槍手盃後，前克羅埃西亞球員伊凡·留比奇（Ivan Ljubicic）也表達了將菲利普夏特耶球場更名為納達爾球場（Court Rafael Nadal）的想法。這想法一點也不荒謬。

⊘ 終極指標

納達爾在紅土上的輝煌戰績，他為自己創造的紀錄，讓他成為紅土球場的典範。2022年4月，馬德里大師賽前，四次大滿貫得主（但不含法網）大坂直美說她得到紅土大師的啟發，希望能在紅土上獲勝。「我認為我偷師了他的方法，然後運用在最近的訓練中。」這位曾經在拉法的家鄉馬約卡島訓練過幾天的日本女選手表示：「這就好像我的弓又多了一條弦。」

西班牙選手巴勃羅·卡雷尼奧－布斯塔（Pablo Carreño-Busta）

倒是沒什麼對戰的陰影，他在紅土從來就沒從拉法手上拿下過一盤。「他是紅土史上最厲害的球員，他已經多次展示這點。假如你讓他上場，他會表現得非常具侵略性，然後用他的正拍痛擊你。他是個防守非常好的球員，擋球擋得很完美，發球會讓你很難過。而當你發球時，他的回球又會讓你很難接！他是典型的全面型球員，跟他交手你必須拚盡全力，不要讓他控制你……但如果讓他居於主動，你基本上已經完了！」

總之，自從2005年在羅蘭卡洛拿下第一座火槍手盃以來，只有19人在他的應許之地完成擊敗納達爾的壯舉。這段期間擊敗過他兩次以上的只有三人。贏過八次的喬科維奇，之後是蒂姆（四次）及福尼尼（三次），這幾人盤踞前幾位。希臘選手西西帕斯有幸在2009年的馬德里網賽贏過一次，已經很不錯了。「第一次打敗他是非常美好的經驗，這是我年度最強的時刻之一，回想起來就像昨天一樣。我想你當天必須夠好才能打敗他，打得好，跑得好，一切都做得很好，尤其是完美地發球，特別是在紅土球場。打敗他的關鍵，就是要有企圖心，不要給他時間調整自己，因為他在紅土非常厲害，即使你盡了全力，你也不見得會成功。我覺得我那天真的打得很好，不畏懼，我告訴自己我沒什麼好失去的，而也就是這些幫助我達到這樣的表現。但這也是我最艱難的勝利之一，我簡直付出我的靈魂才擊敗他。」

左撇子戰士

想更了解在專業領域如此具主宰力的冠軍，並找出與他非凡職涯的關聯，是很正常且合理的。至於納達爾，他最明顯的特徵之一就是他是左撇子。如果左撇子在社會上仍屬少數，那麼在體育界，他們享有一種神祕光環，讓他們比慣用右手的對手具有更多優勢。

「這是一把寶劍。他的打法俐落。他會攻擊，沒有不必要的虛招，手腕靈活，動作敏捷，迅如閃電，公平的遊行，還有數學反應，該死！他是左撇子。」

雨果，《悲慘世界》（*Les Misérables*），1862年

事實上，在集體無意識中，左撇子運動員擁有這個讓他與眾不同、迷人有趣，甚至難以預測的東西，就好像他天生具有其他球員無法企及的超能力。你可能沒注意到，一些運動界傳奇人物，如梅西（Lionel Messi）、馬拉度納（Diego Maradona）、曼尼‧帕奎奧（Manny Pacquiao）、馬克安諾或強尼‧威金森（Jonny Wilkinson）都有這個特性。然而納達爾在這方面並不明顯。

生活中的右撇子

即使納達爾用左手打球打得很好，但嚴格來說他並不是左撇子。歷史告訴我們，日常生活的一些事情，納達爾還是慣用右手。

「我用右手寫字，打籃球和高爾夫球，還有射飛鏢，都是用右手。但是踢足球，我用左腳；我的左腳比右腳更屬害。」納達爾在他的傳記《拉法》（*Rafa*）中解釋。

更細節來看，納達爾小時候就慣用右手、右主眼，和70%的人一樣，是典型的右撇子。「當我們讀到他伯父托尼所敘述的，很明顯納達爾一開始是雙手打球，無論是正拍還是反拍，」保羅・多羅辰科詳細說道：「事實上他兩隻手都握住球拍，就像法國的法蘭西・桑多羅（François Fabrice Santoro）和美國的簡－麥克・甘比爾（Jan-Michael Gambill）的握法一樣，也像很多孩子做的那樣，因為他們的力量不夠，畢竟球拍還是滿重的。」

小納達爾開始學打網球時還是以非常傳統的型態（右手持拍和右主眼）打球，又是如何成為左手持拍和右主眼的左撇子球員呢？普塔揭露了這個顛覆的開始：「托尼・納達爾問我對於他兩手持拍的正拍與反拍的看法。我得說很多球員都是從兩手持拍開始，就像費德勒。這比一般人所想的還平常。我回答他最偉大的球員都是單手正拍，而那些雙手正拍的球員都不是最偉大的冠軍。就算他已經在思考這個問題，這還是讓托尼決定改變他姪子的打法。」

普塔自己則被拉法形容成「強硬」的人。如果他確實參與了納達爾傑出的職業生涯，那麼在這個**即興左撇子**身上看到由伯父決定

並從姪子年幼時就加諸在他身上的方案就無可厚非了。其實這只是個持久的傳說，因為這個改變並不是強制操作的。「我在某些新媒體的報導中看到托尼為了讓我成為更可怕的對手而強迫我用左手打球，」納達爾說道：「嗯，事實並非如此。這是一些記者編撰的故事。事實是我很小就開始打球，而我沒有力量讓球打過網，我就用雙手握球拍，正拍反拍都這樣打。有一天我伯父就跟我說：**沒有職業選手是用雙手打球的，而我們也沒打算創新，所以你必須改變。**這就是我做的，我就自然而然用左手打球。為什麼呢？我也不知道。」

左手與偏側優勢

　　多羅辰科是職業巡迴賽第一位私人物理治療師，1980年代曾和法國女選手娜塔莉・朵琪亞（Nathalie Tauziat），1990年代和費德勒合作。他對神經科學及運動中的偏側問題很感興趣，也就是人在日常生活的慣用手、慣用腳或慣用眼，而不用另隻手、另隻腳或另隻眼。人工的偏側優勢在最早幾年或許可以改變，到了五歲左右慣用手的選擇就固定了。

　　「當納達爾開始放開一隻手，為了用左手打正拍，他放開的是右手，同時繼續用雙手打反拍。當孩子很早就開始打球，他會清楚知道有一側更容易打正拍。很多孩子都本能地用交叉的方式來打球，也就是和用主眼相對的手來打，這隻手不一定是他們寫字或日常做事的那隻手。由於納達爾的主眼是右眼，他很自然地決定用

當納達爾開始
放開一隻手，
爲了用左手打正拍，
他放開的是右手，
同時繼續用雙手打反拍。

他的左手。此外，網球訓練是他唯一用這隻手做的事情。這是可以理解的選擇：當你是左撇子並且當你看球用右眼時，擊球面會比同質右撇子往前很多。如果你打球是同質右撇子，也就是慣用右手加右主眼，擊球面會向後很多，因此在技術層面的難度也更大。拉法走上了和現任教練莫亞同樣的路。莫亞是生活中的左撇子，但他的整個職業生涯都是右手執拍。而這位前世界第一擁有非常屬害的正拍。」

根據多羅辰科的說法，這種「在高水準網球比賽占60%，在一般生活占30%」的所謂交叉偏側優勢，讓納達爾因此擁有優異的正拍，而這個標誌也適用於費德勒，他是右撇子，但具左主眼。而在當今網壇要擁有傑出正拍，這項優勢就很管用。「當你是交叉偏側，正拍是自然擊球，如今，我們看ATP的統計，會發現三分之二的得分都是正拍拿分。因此有屬害的正拍比有出色的反拍更好。如果我們仔細分析納達爾的比賽，會發現失誤通常都來自反拍。」

高水準運動的資產？

納達爾在小時候做的抉擇會是神來之筆嗎？占全球人口10%至13%的左撇子，成為許多探究他們在運動中是否占優勢的研究對象。

「在某些運動中，我們可以認為左撇子擁有小小的優勢，」魁北克拉瓦大學心理學教授西蒙・格宏丹（Simon Grondin）在其著作《從沙發看曲棍球》（*Le hockey vu du divan*）有一章專門討論偏測優

勢，表示：「最令人矚目的故事當屬1980年的莫斯科奧運，擊劍比賽決賽的八位選手都是左撇子，這實在是太匪夷所思了。」

　　透過這個軼事，再看到左撇子運動員具有天生優越性的無可辯駁證據時，這有多麼誘人啊！讓我們以某種方式繼續確認某些陳腔濫調的真實性：我們常常聽到有人說球類運動，如足球或籃球，左撇子的球感優於一般人。對打的運動，如拳擊、擊劍或網球，一般都相信右撇子面對左撇子對手時往往不太穩定。

　　前法國國際擊劍協會醫生暨神經科學研究者紀・亞傑瑪（Guy Azémar）就在偏測優勢領域進行多次研究。他的工作旨在闡明左撇子在運動方面的傾向，而非關注他們的稀有性。「大腦是由兩個各自執行不同任務的腦半球所組成，而在左撇子身上，這些功能以更平均的方式分布在兩邊之間，」他在著作《不對稱的人》（L'Homme asymétrique）中解釋：「例如，在左撇子網球員身上，動作的控制及部分空間管理都在大腦右側進行，意思是球員看到球來與實際擊球的過程是由相同的腦半球管理。左撇子努力減少被攔截的飛行軌跡長度，從而縮短處理相關訊息的可用時限。至於右撇子則更喜歡長的飛行軌跡，更有利於增進精準度和發展更有建設性的動作。」

　　德國運動科學研究者佛羅里安・羅分（Florian Loffing）進行的研究（2017年11月發表）提供有趣又細緻的解釋，將左撇子運動員的潛在優勢局限在某些運動。「我們看桌球、擊劍、拳擊或板球，會發現那些最優秀的選手中有很多左撇子。在某些項目，如田徑、撞球或游泳就不是這種情況。再看看球拍運動，桌球的左撇子又比網球多。原因是這樣的：桌球是速度更快的運動，你必須完美地判讀對手的打法，預測他的動作。而在這項運動，你只有幾千分之一秒的時間評估球的軌跡並打回去。總之，反應的時間越短，就越難調整到錯誤的那側，左撇子的優勢就越明顯。」

羅分的著作提到，在反應時間最短的男性職業運動中，高水準左撇子的比例過高。桌球、板球或棒球都是。而在一些反應時間較長的運動，與左撇子在總人口中的比例差距則有減小的趨勢。

　　因此，平均反應時間約0.6秒的桌球界，2009至2014年之間，左撇子占Top 100球員的26%[5]。而在網壇，同樣期間，占Top 100的比例幾乎降到14%，而平均反應時間估計是桌球的兩倍，也就是1.2秒。

　　因此網球似不是能讓左撇子從其特殊性獲益的運動。歷史證明了這一點：自1973年ATP開始排名至今，名列世界第一的26位選手中，只有五位是左撇子：吉米・康諾斯（Jimmy Connors）、馬克安諾、穆斯特、里奧斯及納達爾，儘管後者可視為「假左撇子」。職業巡迴賽中左撇子的比例甚至有減少的趨勢：1979年世界排名前100中有19位，2022年只剩14位。如今世界排名前十的球員中，納達爾是唯一擁有這項特點的網球選手。

　　多羅辰科認為他知道可以解釋這項觀察的原因之一。「當今的網球是這般激烈，球員也猛力擊球，以致創意的空間就小了。力量優先於創造力。如果我們仔細觀察目前的左撇子，像沙波瓦洛夫或費德里科・德波尼斯（Federico Delbonis），這些基本上都是重炮手。再沒有像馬克安諾的左撇子，他們會玩球，然後設法在比賽中做出變化。」

5　作者註：2009至2014年間，Top 100的桌球左撇子球員的比例為25.82%；網球左撇子球員為13.92%。該研究取各項運動季末排名前一百名選手為研究對象。

彌足珍貴的稀有性

左撇子網球選手的優勢主要就在於他的稀有性？這其實很明顯：由於ATP巡迴賽只有少數幾位左撇子，對戰左撇子這件事就成了例外。

「網球選手對上左撇子的機會並不多，」台維斯盃法國隊隊長塞巴斯欽‧格羅尚（Sebastien Grosjean）指出：「納達爾與右手球員比賽時已建立完善的模式。如果你仔細觀察，當他與左手持拍球員打球，勢必得做些調整。」納達爾從所謂的感知頻率的負面影響中獲益，這是運動心理學家諾伯‧哈奇曼（Norbert Hagemann）與阿恩‧齊格勒（Arndt Ziegler）進行的研究所發展出來的概念。這個理論告訴我們，經過統計，對手是右撇子多於左撇子的運動員表示，面對左撇子球員時，角度、旋轉或方向會更難判斷。

「納達爾的優勢在於迫使對手以不同的方式看待事物，」西蒙‧格宏丹解釋：「假如一些球最常來自某個角度，如果我們總是和右撇子對打，那麼我們就會習慣於根據這些來組織打法或移位。當你突然和納達爾交手，你必須做些調整，而他面對右撇子對手時則不需要重新適應。但如果就一些偉大的冠軍已經和這麼多不同背景的球員交手的情況來講，這可能並不是多大的優勢。」多羅辰科為我們詳細說明左手持拍球員的優勢。「左撇子球的軌跡，尤其是發球，有一點不一樣。在重要的對角優勢上（回球的球員在球場的左側），左撇子發球可以打得很開，接球的球員則必須偏離球場中心把球回回去。一般來說，他們有更優秀的創造力。我們也可以說他們在做決定及速度方面更占優勢。」

⊘ 「像台壓路機」

那麼具體來講，在網球場上，當納達爾面對你時又是如何呢？讓我們聽聽2006年世界排名36，職業生涯曾和納達爾交手三次的法國前球員弗羅杭·謝哈（Florent Serra）怎麼說。

「基本上，他的球質和上旋球是驚人武器。除此之外，左撇子為他帶來優勢，讓他能找到無懈可擊的角度。藉由他落在你反拍上的斜線正拍，他讓你跑出場外，當你接發球時也一樣。在你跑出場之後，他就有了整個場地來結束該回合。他可以利用他的直線行進正拍繼續這套戰術，或在你試著歸位時朝你步子不順的方向打。想到這，我寧願和費德勒對打千百次。納達爾的打球風格讓我打球時遠離底線，被他調動。我感覺好像面對一台不會失敗的壓路機，不像會給個幾分的費德勒，讓你好像總有可以翻盤的感覺。」

事實上，三次交手，謝哈從未從納達爾手中拿下一盤。他當然不是唯一一個因為納達爾的球質和左撇子身分而在場上充滿無力感的選手。

⊘ 左撇子不只一招

如果沒什麼能證明右手持拍的納達爾表現會比較差，那麼相反地就可以假設，如果當時小納達爾選擇使用右手，那麼他的對手或許可以不必經歷那些不太美妙的時刻。也有可能一些單手反拍的右

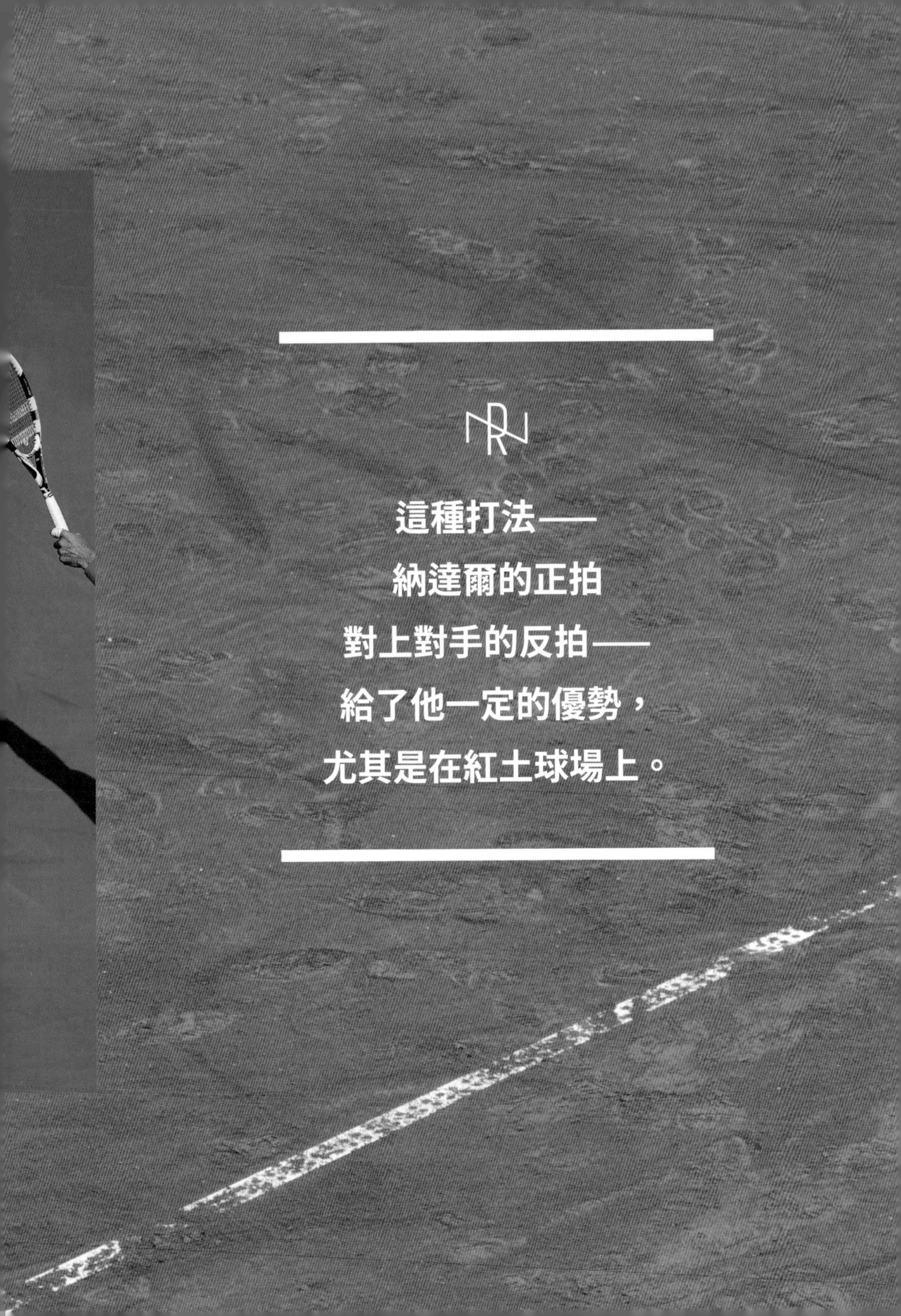

這種打法──

納達爾的正拍

對上對手的反拍──

給了他一定的優勢，

尤其是在紅土球場上。

> **必須是非常優秀**
> **的左撇子**
> **才能真正成為**
> **優勢。**
>
> ———

撇子會比較適應右撇子納達爾。面對他強力擊球和正拍的經典打法，處理起來或許也不會那麼複雜。

前職業網球選手卡蜜兒‧潘（Camille Pin）清楚說明了納達爾向對手執行的戰術問題，以及負責制定戰略計畫的教練得經歷的失眠夜晚。「由於他左手打球，因此他的正拍（對角正拍）會順勢打到對手的反拍。看他的球迸射出去的方式和高度，實在很難打回去。用反拍打肩膀高度的來球是非常複雜的。而用正拍來控制他的球要簡單多了。這種打法——納達爾的正拍對上對手的反拍——給了他一定的優勢，尤其是在紅土球場上。事實上，他是左撇子這件事與他的力量和球質簡直是完美搭配。」

多羅辰科完全同意這個觀點。「左撇子有這個能力能把正拍痛擊在對手的反拍上。這很重要，因為我們都知道反拍，尤其是單手反拍，要求的力道比正拍要多得多。」

2004年法網打進八強的奧立維‧穆帝斯把納達爾的左手持拍視為他能和費德勒抗衡的關鍵因素。「我認為他用左手打球讓他在與費德勒的對戰中確實占有優勢。拉法常常堅持攻擊費德勒的反拍。因為這個原因，他們的對決往往很大程度對納達爾有利。」這裡得提一下，納達爾取得24勝，費德勒是16勝。而費德勒也從不掩飾打很多肩膀高度的反拍有多難受。

我們也不應忽視拉法左撇子的特性。正如我們之前提到，納達

爾日常生活用的是右手。換句話說，他的雙手既熟練又敏捷。「擁有比大多數球員更多對雙手的感覺與掌控，當然是對我有利的資產，尤其是在加點力道就能有所作為的對角球上。」納達爾強調。

根據亞諾‧迪‧巴斯卡勒的說法，這點很重要。他認為拉法「某種程度上是左右開弓的人。我確信如果我們給他一顆球讓他盡可能擲遠一點，他可以用他的右手擲。當你今天看他的反拍，依舊是他的右手讓他打出致勝球。我想如果他無法兩邊開打，他的反拍不會也有這麼好的表現。」

謝哈也說：「右撇子納達爾略遜於左撇子納達爾，這是無庸置疑的。」

我們就讓卡蜜兒‧潘來做結論：「我覺得對他來說選擇左手是非常好的決定。戰術上，左手打球讓他擁有一些非常驚人的強大打法。右手打球也會很強，但能贏這麼多次法網嗎？很難說。可以確定的是，必須是非常優秀的左撇子才能真正成為優勢。」

因此，這就是納達爾的優勢。

6

輝煌綿長的
職涯

納達爾的職業生涯精采無比，絕不是一條悠靜的長河。這說法不免輕描淡寫了些。他在22年的巡迴賽生涯裡，受過各式各樣的傷。傷勢清單跟他的榮譽紀錄一樣悠長：膝蓋、肩膀、腹肌、手腕、肋骨、大腿、背部，以及左腳，後者是他的身體在最近幾個賽季最脆弱的部位。有些人甚至不由質疑起納達爾職業生涯最後階段的身體狀況。

拉法最令人佩服的地方，就是儘管有這一連串挫折，在2005至2022年間，他依然保持在最高水準，連續17年排名世界前十。**連續17年保持世界排名前十。**

沒錯，很重要所以再講一次，我們只是希望你能牢記這個訊息，我們都覺得超現實的訊息。最重要的是，拉法贏了，獲勝很多次。他的表現令人無法置信，出人意料。

「我以為這傢伙到了25或26歲，身體就會燃燒殆盡，」2020年，前球王安迪・羅迪克（Andy Roddik）在Tennis Channel電視節目說道：「納達爾受過那麼多傷，但他總能回復健康，變得更強地復出，這就是我覺得他最令人驚訝的地方。」

強力打法

這些無數的停賽有各種解釋。首先，網球是一項要求很高的運動，在許多方面都會對身體造成傷害。

「重複的動作解釋了網球員遇到的身體問題，」醫師兼運動創傷學專家賈克‧侯蒂諾（Jacques Rodineau）明確指出：「肩膀和手腕都有一整套病理學，都是很常見的，特別是肌腱。腳踝和連接腿部肌肉與腳骨的肌腱也同樣受到嚴酷的考驗：阿基里斯腱、腓骨肌腱、脛骨後肌腱。膝蓋也有一整套病理學，但在網球運動，著重更多的是肌腱，而非關節。」

這並不會令你驚訝，但職業網球選手的日常生活並非真的都在休息。在訓練期、競技比賽和世界各地征戰之間，網球員要承受非常緊繃的節奏。

對於生理學暨生物力學博士尚－貝納‧法柏來說：「有件很簡單的事很容易理解。我們不能將運動健康和非常高水準的運動連結起來。要知道職業運動員一年有四分之三的時間都在承受身體的某個部位疼痛。在網球運動，世界巡迴賽就是一台洗衣機！球員都有非凡的心理韌性，就憑這一點，我們都該欽佩他們。」

這種情況下，請尊敬他們吧。但是當我們提及納達爾時，我們好像都有一種感覺：由於他的球風性質，他的訓練也從不馬虎。

「他的身體陷入能量消耗是再正常不過的事，」前球員兼教練艾力克‧維諾格拉斯基說道：「這台機器用到極致。所有的關節與連接部分都比我們在動作時要承受的多更多。他的每一拍、每個移位、每次調整、每個意圖都投入如此大強度……他做什麼從來都是百分之百全力以赴。」

沒錯，當我們回頭再看早年的納達爾，我們只會被他從第一分到最後一分都全力以赴所歎服。以他的偉大對手費德勒為例，瑞士選手擁有截然不同的球風：我們常說這位瑞士傳奇打球像在輕撫著球，而納達爾則是強力擊球。但我們卻也不能說隨著歲月流逝，納達爾的打球強度減弱了。

　　「納達爾有他自己選擇的打球風格，」尚－保羅·羅德明確指出：「他想要自己堅持到底。在某些時候，你不可能永遠不會受傷。」

　　如今，在超負荷的賽程讓球員必須反覆訓練且受傷風險提高的時期，30來歲的納達爾看起來就像個倖存者。

　　「在網球運動，疲勞程度取決於移動次數和加速度，」法國國家體育、專業知識與表現學院（INSEP）運動科學博士瑪蒂德·波瓦尼（Mathilde Poignard）解釋：「這就是導致肌肉痠痛與傷害的原因。我們看納達爾的打球風格，相較於費德勒，他更喜好打相對較長的得分，由於他跑的距離更遠，他將執行的動作也更具爆發性，我們可以認為他比賽後會更容易覺得累。」

　　「總之，執行動作的次數、跑動的距離，以及比賽的長度都會影響網球選手的疲勞程度。因此，確切地說，一場比賽不一定會誘發疲累，而是賽事期間的連續數場出賽，包括有限的體力恢復期，而造成疲勞累積。我們可以想像在賽事期間常常都走得很遠的納達爾，所積累的疲累肯定比在第一輪或第二輪就淘汰的球員要多得多。」

　　某種程度上，納達爾為他的過人天賦、打得太多、從不放棄的事實付出代價。我們之後會再探討這點。結果就是納達爾在整個職業生涯不得不跳過許多大滿貫賽事。他因為受傷而缺席的大滿貫賽清單是很嚇人的：2006和2013年的澳網；2004年的法網；2004、

2009、2016與2021年的溫網，以及2012、2014與2021年的美網……
最後，自2003年首次參加大滿貫賽以來，他已經缺席10次賽事。也
別忘了他曾五次在大滿貫賽期間因傷退賽，最後一次是2022年的溫
網，因為腹部受傷。相較之下，費德勒在1999至2022年間只缺席了
八次大滿貫賽。喬科維奇則堅如磐石，僅因肘部受傷而缺席2017年
的美網。

傷痕累累的硬漢

　　事實上，納達爾的身體從未在他最愛的紅土場地遭受太多折
磨。「那裡的限制沒那麼嚴重，」擔任體能教練超過30年，目前任
職法國網球協會的保羅・奎丹解釋：「那是因為他的步法可以完美
適應這個場地。」

　　但是納達爾與硬地球場之間的配合倒是頗為困難。就拿11月舉
行的室內網球賽巴黎大師賽來說，納達爾就從未得過冠軍。他在這
項賽事的戰績顯示了他在這種場地連續比賽，還要避免身體承受太
大痛苦的困難。尤其在賽季末更是如此。

　　他第一次參加巴黎大師賽是在2007年。2007至2021年間，納達
爾至少缺席七屆比賽。2010年因為左臂肌腱炎迫使他在比賽開始前
幾日宣布退賽。隔年，或許是出於預防，納達爾為了備戰年終大師
賽，選擇放棄打巴黎大師賽。2012年，他仍然沒有在登記比賽的選
手之列：他自認在膝蓋嚴重受傷之後，缺席自溫布頓以來的賽事，
還是很正確的。

2013年他華麗復出，打進賽事的四強。但2014年他又重新請病假（接受盲腸炎手術），2016年（因為手腕受傷），2017年短暫復出（因右膝蓋問題在八強賽前放棄比賽），2008年再度消失（因腹肌拉傷在他的第一場比賽前宣布退賽）！2019年，在獲得第12座法網冠軍獎盃五個月後，納達爾重返巴黎大師賽，卻留下未竟的遺憾：在強勢贏得前三場比賽之後，在四強賽對戰加拿大的沙波瓦洛夫前宣布退賽。這一年，納達爾又因為腹部受傷而提前中止當年的征戰。

來到2021年，當拉法因為左腳的慢性疼痛而決定結束他的賽季，他的出賽紀綠即在8月中止。

奎丹以他高水準運動員體能教練的視角，為我們提供幾個解釋。「他成功地調整自己的打法，變得更有成效，在所有其他場地都贏球。另一方面，他的身體從未真正適應場地的改變，尤其是硬地。但這個場地對所有選手來說都是更容易受傷的。他膝蓋的很多問題都不是小事：他跑動很快，在改變方向時遭遇很大衝擊，就像在紅土，煞車比滑步多，這些都是關節和肌肉的限制。當這些施力一再重複，受傷就無可避免了，尤其是當你是像納達爾一樣肌肉發達的球員時。體格健壯的球員往往比喬科維奇這樣輕瘦的人更容易受傷，後者在硬地改變方向的處理更好。」

在硬地上，納達爾的膝蓋為他帶來很多麻煩。2008至2010年間，他的右膝經常出問題，迫使他必須休息很長時間加以觀察。2012年溫網結束後就發生髕腱部分斷裂，迫使他結束當年賽季。一直要到七個月後，在放棄倫敦奧運、美網與澳網之後，才又再度回歸。

2017年，惡夢重演：右膝再次吱嘎作響，在大師賽的第一場比賽之後，拉法宣布結束賽季。兩年後，則是印地安泉大師賽的觀眾

納達爾有他自己
選擇的打球風格，
他想要自己堅持到底。
在某些時候，
你不可能永遠
不會受傷。

"

他學會
帶著這個傷痛
打球。

—

遭剝奪觀看納達爾和費德勒對決的機會，理由仍是身體再次出問題。

「有些球員的腳踝有點脆弱，有些球員是膝蓋有問題，有些球員則是臀部，比如莫瑞，」物理治療師賽杜杭說明：「每位球員都有自己的特殊性，取決於其關節靈活、肌肉張力及移動方式。這是人的姿勢和型態特有的。他的膝蓋顯然很脆弱，這在硬地球場尤其明顯。而正是在硬地場上改變方向最容易讓人受傷，因為要更用力支撐。」

草地球場呢？如果說納達爾經常在溫布頓的比賽大放異采——2006至2011年間兩次奪冠，並打進另外三次決賽——但這並不意味著這種場地就比較不會讓人受傷。

「草地很柔韌，然而球的反彈很低，因此你也得一直保持很低，」杜杭明確指出：「保持這種姿勢會給髖腱帶來很大壓力。這與紅土球場很不一樣，紅土上滑步可以減輕關節上的衝擊波與壓力。也因為這個原因，才會建議年長者打紅土球場。」

比疼痛更強大

長久以來，大家都在問這個問題：納達爾是如何克服所有這些障礙，實現世人都知道的職業生涯？

法國網球協會運動療法醫師克里斯多弗・塞卡迪（Christophe Ceccaldi）談到「一個具有特殊基因的男孩，我們幾乎要以為那是家族遺傳。此外，我認為他擁有健康的生活，這無疑可以從他在島上的日常生活中得到解釋，他生活在家族氣氛非常好的環境……」

納達爾的另一個優點（說話方式）「是他遭受的傷病型態最終都蠻一致的，」奎丹回憶道：「首先是他的膝蓋是他身體問題的根源。有些球員，如伊斯納、錦織圭或戴波特羅，他們都歷經各種傷勢。於是，這成了他知道如何照料，也或多或少知道怎麼去處理的事情。他學會帶著這個傷痛打球。」

納達爾發展出來的強大心理素質，讓他能夠以必要的視角去理解最微妙的時刻，而不是自怨自艾。

「當我們受傷，心理會很不好受，而正是在這些時刻由大腦發揮作用，」杜杭說道：「我們還記得前奧地利選手穆斯特（1995年贏得法網冠軍，隔年登上世界第一）被車撞了之後，借助專門為他製作的長椅，讓他得以單腿打上石膏繼續訓練。拉法跟他是同類人。不論前進的路上遭遇什麼逆境或問題，始終保持不屈不撓的決心。」

因此，納達爾擁有無與倫比的處理傷痛的能力。這個能力——或者有人會說是他的疏忽——納達爾似乎從很小的時候就擁有了。

《隊報》記者朱利安・荷布雷帶我們回到2004年。「納達爾和

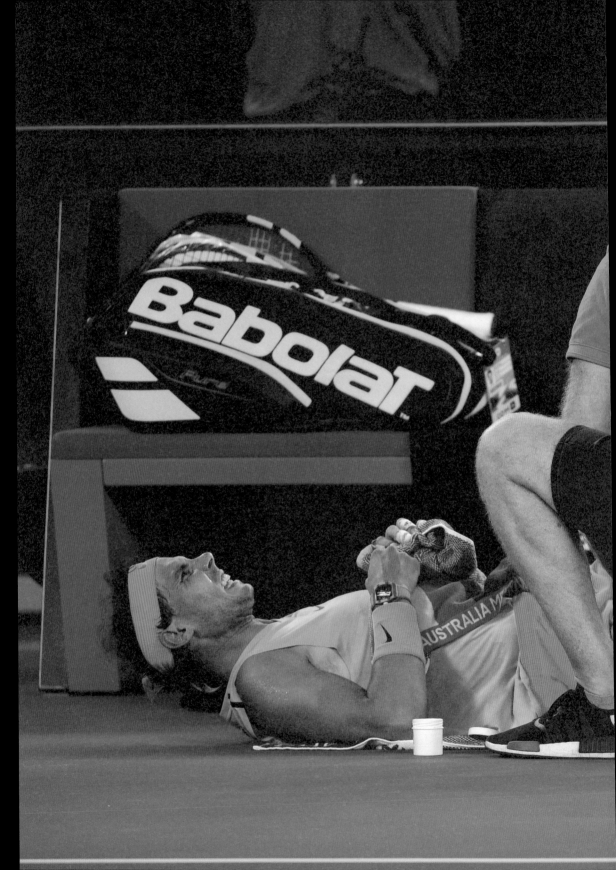

"
這絕對是個謎，
但他身上有一種
無與倫比的
超越一切的東西。

—

加斯凱在葡萄牙艾斯特里（Estoril）網賽交手，當時他的腳骨裂。由於一年前他在聖尚德呂茲（Saint-Jean-de-Luz）就已經放棄與這位法國選手比賽，再次棄賽對他來說是不可思議的。他以三盤拿下比賽之後，便退出這場賽事，並宣布退出當年的法網。」

「隔年，拉法在馬德里決賽擊敗克羅埃西亞的伊凡‧留比奇，贏得冠軍。五盤比賽後，他再也走不動。離開球場時，由於痛得受不了，他兩側都有人攙扶著走向更衣室（幾年後，納達爾承認當時左腳整個骨裂）。這絕對是個謎，但他身上有一種無與倫比的超越一切的東西。」

2021年澳網時，納達爾被問到有關喬科維奇的傷勢（腹部撕裂傷）時，坦承他在2009年也帶著同樣的傷勢打美網。這是相當罕見的事，因為我們都知道納達爾向來不願多談自己的身體，這時卻講了一些細節。比賽期間，這個撕裂傷從0.6公變成2.6公分，但並沒有阻礙他繼續比賽，還打進四強！「這不是明智的決定，」12年後他承認了。傷勢的確太嚴重，拉法最終被難纏的戴波特羅橫掃，沒有打進決賽。

因此，知道納達爾在大滿貫賽事中只棄賽過三次也沒什麼好驚訝的。第一次在2010年的墨爾本，對上莫瑞。第二次是2018年的澳網，對馬林‧契利奇（Marin Cilic）。同年，美網四強，他承認因疼痛而輸給戴波特羅。

更不用說，那時就連盲狗也會注意到納達爾在球場上忍受痛苦的次數，比方說2014年澳網決賽對戰瓦林卡時。

2011年，也是在澳網輸給朋友費雷爾。但每一次，對對手的尊重都是最重要的。

根據維諾格拉斯基的說法：「納達爾確實打了一些他無法完全發揮他身體能力的比賽。而當他放棄或無法繼續比賽下去時，那是因為他在餘下的職業生涯中將自己的身體健康置於太大的危險中。我想他身邊的許多人都很清楚，儘管他的身上有一些可能會讓其他球員再也無法重回球場的傷勢與疼痛，他還是多次成功超越自己。」

這該死的腳

納達爾的瘋狂疼痛耐受閾值在2022年紅土賽季達到頂點。在第14次舉起火槍手盃之前，他走過一段非常疼痛之路。我們必須記住一個月前的羅馬大師賽時，納達爾在痛苦達到顛峰時的模樣。當時對戰加拿大的沙波瓦洛夫，換邊時他的雙手抱住頭，然後雙臂撐在毛斤盒上。拉法從來沒有表現出如此受影響的樣子。於是他似乎要放棄法網了，最終在比賽開始前幾天決定參加。兩週內，他時常提到這隻讓他痛得受不了受詛咒的腳，但在和歐傑－阿里亞辛、喬科維奇、茲維列夫（在他因傷棄賽前）膠著的對戰期間，以及決賽對上挪威的魯德時，他的堅持和結束比賽的能力，還是讓他脫穎而出。

「這是他整個職業生涯中最值得讚許的冠軍頭銜。」他的教練莫亞說道。在拿下勝利之後，納達爾體悟到他「或許不會」再帶著這樣的傷勢打大滿貫賽了，但在巴黎，他不能容忍自己不戰而降。

　　「雖然我不該驚訝的，但我還是對納達爾感到驚訝，」1990年法網打入最後八強的提埃里‧尚皮翁（Thierry Champion）承認道：「除了球質與身體素質以外，這位傑出男人內心還有一種與眾不同的東西。我相信他已經準備好不惜一切代價贏得勝利；他比任何人都更能接受努力和痛苦。所有選手醒來時都會有一些這裡那裡的疼痛。但他很早以前就超越這個門檻了。」

　　要知道我們的紅土之王患有穆勒魏斯症候群（Muller-Weiss syndrome），這是一種神經退化性疾病，會引起腳部中間的一塊骨頭變形。納達爾自2004年起就受這個病痛所苦，導致他的左腳反覆出現，有時甚至難以承受的疼痛。

　　「這種疾病無法治癒；沒有什麼能阻止它的惡化，」專攻足部與腳踝的整形外科醫師奧立維‧拉芬內特（Olivier Laffenetre）解釋：「具體來說，患有這種病的人是扁平足，會疼痛，隨著時間會不可避免地惡化成足關節炎。當腳太疼痛或變形太嚴重，可以進行外科手術來修復症狀和疼痛，但這要以犧牲關節為代價。」

　　實際上，手術的目的是讓走路不跛行或不會痛，但會阻塞病變骨頭周圍的關節，有時還會引起併發症。

　　舉起冠軍獎盃之後，納達爾承認整場賽事都靠在腳部的感覺神經注射麻醉藥和消炎藥撐過。「我打球時不會痛，而且也沒有任何感覺，就好像去看牙醫或開刀時打麻醉藥一樣。這是很大的冒險，因為這會增加扭傷腳踝或出現其他問題的風險。」西班牙選手解釋。

　　「只有運動員才能做到這一點。我們必須麻醉感覺神經（傳

導疼痛的神經），同時必須仔細選擇，以免讓那些控制足部運動技能的神經麻木，」拉芬內特詳細說明：「這是極其困難的作法，因為假使你麻痺了運動神經，他就沒辦法打球了。這些是特別的作法。」

帶著冠軍獎盃離開巴黎時，納達爾直接回到西班牙接受新的射頻療法，以減輕疼痛。這個治療係利用高頻率電流（400至500kHz）的鎮痛特性。

「這是一種治療慢性疼痛的療法，」拉芬內特解釋：「一種讓誘發疼痛的神經失去作用的方法。有點像麻醉的原理，只是我們試著透過這個方法『燒灼』根本的，使它們不易傳導神經衝動和疼痛，並產生更持久的效果。但這無法解決主要的機械問題。採取這個新的治療措施顯示他想達到自己的極限。」

2022年6月，拉法在表示這項治療措施成功後，宣布他已經準備好打溫網。他一次又一次要挑戰自己的極限。

最佳支援

幸運的是，納達爾經過治療及帶著重新找回的渴望重返球場時不是獨自一人。「如果他是獨自一人，很快就會被發現，」數據科學家兼INSEP數位發展與創新大學研究員傑弗瑞・貝特洛（Geoffroy Berthelot）表示：「一個球員不可能擁有工作團隊的所有知識，這是不可能的。」

現年58歲的克里斯多弗・塞卡迪參與過37場法網決賽。紀錄斐

然。他特別強調當前世代和他年輕時的世代沒有什麼太大關係。
「圍在最偉大冠軍身邊的人比以前多。15或20年前，一個教練和一名球員，而如今，所有網球員都至少有一個人來管理他們的健康，無論是物理治療師、醫生或體能教練。而最優秀的球員還配有好幾個，有時甚至有心理輔導師。球員在自己周圍創造了某種小公司，他們僱用來自不同國家的人，通常都非常有能力，他們的角色就是充分發揮他們功能，力求表現。納達爾也在這個行列裡面：他總是能從他運作良好的團隊中得到最好的幫助，而他也充分信任他們。」

　　納達爾利用賺到的錢，甚至能夠組建一支完整又優質的團隊，專門負責預防與治療，並為他受傷後重返球場做好萬全準備。因此，拉法可以倚賴物理治療師兼老友拉斐爾‧梅墨、20多年來行事嚴謹的體能教練胡安‧佛卡德，以及每天跟隨照料他的私人醫生安杰‧里茲－柯多羅（Angel Ruiz-Cotorro）等人的支持。2022年法網期間，里茲－柯多羅對他不遺餘力的照顧，更是讓他銘感在心。

　　隨著時間過去，這個團隊的角色益發重要，因為隨著年齡增長，受傷的風險也增高。

　　而且納達爾累積的經驗讓他可以更了解自己的身體，能夠更好地傾聽身體的聲音。如今，納達爾似乎能更聰明地安排自己的訓練量與體力恢復。

　　最近幾個賽季，納達爾參加的賽事比他年輕時少了許多。2013年，他27歲那年，打了17場比賽。2019年，他只打了13場比賽，2021年打了七場，這個賽季因為他著名的左腳之傷而縮短。透過縮短賽程，面臨的風險也降低了，因而也避免過於頻繁地就醫。

　　「像納達爾這樣的世界頂尖球員，不需要像大多數戰績較差的球員一年打球五個月，」前比利時球員達西斯回憶道：「跟世界排

納達爾總是能從
他運作良好的團隊中
得到最好的幫助，
而他也充分信任他們。

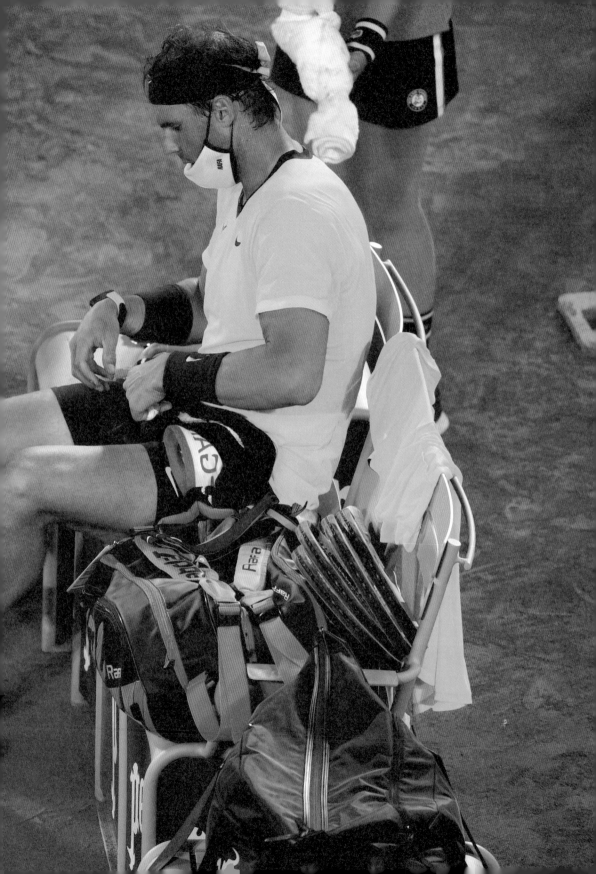

名第80的球員相比，他們更能安排自己的賽事，並且更頻繁地休息和休假。在這種情況下，納達爾打大滿貫賽，打1000分大師賽，我們幾乎可以說他參加的賽事很少，雖然他還是打了很多場比賽，因為他常常打到最後。只有當你排名很前面時你才能這樣，從財務上來看也是如此。」

進步萬歲！

難道拉法20年前就知道自己能打這麼久嗎？沒有什麼比這更不確定的了。

「很多參數一直在變，」塞卡迪解釋：「物理治療在一些特定活動中已成主流。這幾年我們都可以看到球員在比賽前會在走廊來回走個三趟來熱身。如今，網球是一項完全不對等的運動。以前，吉列莫‧維拉斯的手臂臂圍80公分，另一隻10公分，現在我們看球員則是完全平衡。器材也更強大一點，能更好地吸收衝擊力。球員到處征戰的幾乎和以前差不多，但條件確實好多了。總之，他們採取許多措失，來讓他們的職業生涯持續得更久一些。」

三十年來，醫學有了長足進展。體育界自然也從這些實際的進步中獲益。

「我們設法支持熵，這是多年來變得越來越脆弱的事實。憑藉對個人的了解，醫師得以更好地預防球員受傷，」傑弗瑞‧貝特洛補充道：「而每個傷勢背後，都有一個故事。如果我們以左肩的弱點為例，我們知道必須運作某些肌肉，預期更長的比賽，可能的限

制，這意味我們能提供良好支撐，並且成功避免傷勢復發。」

「當今職業網球員所倚重的體力恢復技術也成為關鍵。有些技術已經使用了很久，最新的一些技術則明顯改善納達爾的恢復情況。」

舉例來說，法國網球協會國家訓練中心幾年前就設置一間全身冷凍治療室及一整個浴療空間，裡面有熱水缸和冷水缸，以及溫水游泳池，讓所有球員都能輕鬆恢復體力。法國公開賽期間，所有參賽的男女選手都可以使用這些設施。這看起來好像沒什麼，但這個論據是很重要的。

「我們知道網球選手都必須能就近使用這些設施，才能定期且持續不斷地使用這些技術。我們都非常清楚，如果恢復體力的設施距離選手的訓練地點要20分鐘路程，他就會很少使用它。」瑪蒂德・波瓦尼解釋道。

這是一項重要資產，無疑也部分解釋了納達爾的漫長職涯。納達爾其實是全身冷凍療法的常客。這項技術是讓人進入一個散發低達-150℃的乾冷空氣艙裡。療程最多持續三分鐘。

「運動員可以透過這些技術降低體溫，從而限制因鍛鍊造成的肌肉損傷而引起發炎的所有症狀，」波瓦尼解釋：「當你打網球比賽，你的肌肉會承受很大壓力，而這會拉傷肌肉，造成肌肉損傷。冷卻的目的是限制發炎的產生，而發炎的目的是為了修復肌肉，同時也會導致俗稱的肌肉疼痛。從科學的角度來看，已經證明肌肉疼痛是可以減輕的。從感性的觀點來看，網球員在使用過全身冷凍療法或冷水浴後感受的不適較少。這在比賽時更有趣，選手的賽後恢復時間往往少於48小時。」

冷凍療法的愛好者越來越多，除了納達爾，瓦林卡、茲維列夫也都求助於它。根據英國運動醫學期刊發表的一項研究顯示，許多

體育項目都使用這項技術，甚至可以改善運動員的睡眠。研究指出「即使睡眠時間很短，受試者仍表示他們在經過冷凍治療後，睡得更安穩。」

　　「我覺得只有他的體力恢復質量可以解釋他為什麼能打這麼久，」波瓦尼補充道：「他在賽後技術有非常嚴格的例行公事，而這也是相當重要的因素。具體來講，如果他非常在意他的體力恢復，他當然也很在意營養及所有可以讓他避免受傷，並且提高表現的因素。據我觀察，最優秀的球員也最愛使用這些技術。」

頂尖老將

　　如今的局勢是無情的。36歲的納達爾依然保有最高水準的競爭力。他的對手，35歲的喬科維奇也是如此。但這股現象並不局限在網壇，路易斯‧漢米爾頓（Lewis Hamilton），37歲，是2021年一級方程式賽車的副世界冠軍。

　　在足球界，C羅（Cristiano Ronaldo），37歲；卡里姆‧本澤馬（Karim Benzema），34歲，兩位都是世界最佳足球員。籃球界，勒布朗‧詹姆士（Lebron James）從18歲就開始打職業，最近一季NBA仍是最佳球員之一，他已38歲。這些運動員能否在年過40仍是各自領域的佼佼者呢？

　　「我不這麼認為，」貝特洛回答：「沒有人逃得過年齡增長所帶來的衰弱。頂尖運動員也無法逃脫生物層面的改變。因此，隨著年齡增長，越來越難維持肌肉能力。如果你想維持，就得增加訓

練份量、訓練課程：這意味著更多的練球，不停地練習。一段時間之後，你達到極限。就算你一天花20小時訓練，身邊伴隨最好的醫生、最好的物理治療師，你也彌補不了。這種轉變存在一個閾值，就算你設法維持住你的肌肉能力，你失去的纖維也會比你產生的纖維多。過了40歲，你還是可以打得很好，但要成為世界頂尖球員將會變得非常困難。自行車選手珍妮・隆戈（Jeannie Longo，40歲仍有高水準表現）的情況是我見過的唯一反例。但網球運動肯定比女子自行車運動要求更高。年輕球員的到來遲早會為巡迴賽的老將帶來困難。」

看看納達爾2022年的戰績，截至8月7日，取得35勝，僅3敗，讓我們覺得他仍然有競爭力。但所有美好的故事終將結束。總有一天，戰士會永遠高掛球拍。

2022年6月，納達爾的左腳慢性疼痛變得難以忍受，只能靠打針及吃止痛藥來緩解，他就在為我們預示了他可能會離開。「我不能也不想繼續這樣打球，」他在法網贏得新冠軍後說道：「是時候該退一步想了。如果我還能以我所擁有的一切快樂地打球，我會繼續下去。而一旦我做不到，我會去做別的事。」

這確實是拉法第一次因疼痛而被KO。但很遺憾，如果這一天永不到來，我們會非常驚訝。

7

完美的合作

某種程度上，頂尖網球員和一級方程式賽車手很相似。即便網球選手擁有傲世才能，然而如果他身邊沒有好的團隊，沒有高性能的裝備可以使用，他將很難舉起金盃，也很難和網球領域的菁英並肩而行。

　　如何讓職業網球員處於最佳狀態？首先要做的就是給他配備一支適合他打球水準的球拍。請忘記柏格和維拉斯用樸實無華的木質球拍打球的年代。近半個世紀以來，科技與創新為這個不可或缺的工具提供驚人的提升。木質球拍在1980年代初期就過時了，取而代之的是金屬球拍（鋼、鋁等），但這些球拍並沒有達到預期的成功。

　　如今石墨（一種碳組成的元素）是最常使用的材料，讓冠軍選手可以用這些更堅固、更順手、更輕也更強大，擊球點也更穩定的球拍打球。

　　設備製造商與職業球員對於他們球拍的製作與個人化都特別注重，連最小的細節也不放過。「這在成績的表現上是非常重要的工具……而今天的目標是一邊是球員，一邊是球拍－拍線，形成單一的整體。」體育研究與多項運動科學專業知識中心HumanFab的創立者法柏荷向我們解釋。

　　納達爾從這項革命和最佳化中獲益匪淺，當我們談到納達爾和這個他稱之為**手臂的延伸**的球拍的關係時，不免也想起法國在這段歷史扮演的角色。

　　納達爾的職業生涯與球拍品牌Babolat是密不可分的，這個品牌從他2001年起展開職業生涯就一路伴隨他。能預見這樣合作的人真有先見之明。

事實上，這家法國公司於1875年在里昂創立，如今已成為網球界的研究機構，發行了兩支標誌性球拍Pure Drive與Pure Aero，以及顯現拍線，一路陪伴奧地利的蒂姆與英國的卡麥隆・諾里（Cameron Norrie）的第三支球拍Pure Strike。Babolat使用天然的羊腸線，也是最早使用這材質做拍線，而建立了自己的專業知識與品牌信譽。

幾十年來，這個家族企業的產品也更多元化：穿線機、握把、塗漆、配件等。直到1994年，這家法國品牌才展開新冒險，歷經一世紀來致力精進拍線和配件後，毅然轉向創新，推出第一個網球拍框。

因而出現Pure Drive，幾年後成為全球最暢銷的球拍。這支球拍率先在法國推出，1995年在西班牙上市，接著1996年在義大利上市。那年，當托尼・納達爾在馬約卡島參觀一家網球用品店時，發生令人驚訝的轉折……

🎾 愛的故事誕生

「托尼非常喜歡新事物，來到這家店買球拍。他的目光望向那支Babolat Pure Drive球拍，架上的主打商品，」在Babolat工作26年，如今是運動行銷經理的尚－克利斯多佛・維柏描述：「這是兩年前上市的系列，而且完全不像上世紀的傳統球框。在那個時候，球員多半使用相對較細的方形拍面款式。這款球拍採用流線型設計，托尼將它交到十歲的納達爾手上。這支Pure Drive成為他初登場所使用的球拍，而且一用好幾年。」

Babolat很快就贏得信譽，納達爾目前的教練莫亞對它也不陌生。他是第一位使用Babolat球拍——藍黑相間的Pure Drive——贏球的球員，這兩個顏色正好和巡迴賽的標準色形成對比。繼1997年澳網打到決賽後，莫亞隔年就拿下蒙地卡羅大師賽和法網。1999年3月，他達到職業生涯顛峰，成為ATP自1973年開始排名以來連續兩週的世界第一。這些網球愛好者，也是職業巡迴賽的現役球員看Babolat製作的球拍的眼光也不一樣了，幾個月後，Babolat即將經歷重大的轉折。

　　「當我2001年加入Babolat的競賽部門時，老闆問我：**西班牙分公司的負責人告訴我有一位非常有前途的年輕球員，你可以去看看他嗎？**納達爾開始在國內贏得一些錦標賽。當時他才14歲，即使Babolat在2000年代初期已擬定未來方向，越來越將目光投注在年輕球員身上，但他的年紀要簽訂國際合約還是太年輕了。此外，當時Babolat和拉法之間已經建立良好的關係。到了現場，我度過難以置信的一天：他正在訓練，擊球時會發出聲音……擊球的聲音是檢測很重要的標準，更何況那些年並沒有完整的統計數據和各種場地讓我們可以看到球員的進步。我們也看到他有瘋狂的渴望。不久，我們就跟托尼和拉法見面：我的西班牙文說得不是很好，拉法也不會講英文！他一直坐著，一定在想他去那做什麼，但是當托尼向他解釋我們到來的目地，他當即表示尊重。他的眼裡閃耀著冠軍的光芒。」

Pure Aero，獨一無二的球拍

事情進展得很順利，2001年4月，納達爾和Babolat簽下他的第一份國際合約。這次合作顯得頗有成效：四年後，納達爾獲得他的第一座法網冠軍。之後他放棄Pure Drive，改拿全新的Babolat Aeropro Drive，2005年又變成Pure Aero：暢銷全球的創新球拍。

「納達爾打球有點非典型，像是他很有名的繞頭正拍，」維柏明確指出：「我試著從托尼那了解他為什麼會有這些動作。他跟我說當拉法離開青少年組進入成人組時，球變得更長，來得更快。這迫使他去適應，因此他開始打得有點不一樣，並藉由他這招來爭取時間。這非常符合空氣動力學的一面激發了Babolat的靈感，在2003年投入開發Pure Aero，這支球拍的拍頭和Pure Drive一模一樣，但網篩比較小，更適合這類型的特殊打法。」

思凡・特里奇尼歐（Sylvain Triquigneaux）在2006年加入Babolat集團。他任職研發部門，又稱性能實驗室。具體來說，他負責和Babolat簽約的職業球員的所有技術關係。「Pure Aero的空氣動力學規格很適合納達爾的揮拍動作；他是創造很多效果的球員，無論是正拍還是反拍。此外，拉法使用的球拍與拍線的組合和他的擊球想法完美契合，也就是多打上旋球來消耗對手精力就很重要。」

法柏荷對於這樁合作的成功並不感到訝異。「這支球拍讓旋球更好打，如果你手臂的速度夠快，就可以想成你在空氣中更有穿透力，而如果你在空氣中有更好的穿透力，你就能為球注入更多旋轉和速度。而不僅僅是上旋球。納達爾的上旋球不只更旋，速度也快得不得了，因此很難打。他確實找到了適合他打法的球拍。」

Pure Aero 的空氣動力學
規格很適合
納達爾的揮拍動作；
他是創造很多效果的球員，
無論是正拍還是反拍。

"

納達爾需要用起來
很順手的球拍，
因為他的打法
很吃腕力。

—

不說假話，這支Pure Aero是Babolat在深入研究納達爾的打法、揮拍，以及他在球場上移動的方式而發想出來的，專為西班牙蠻牛量身打造的球拍。

「這就是為什麼球員與贊助者之間的關係是那麼重要，」法柏荷表示：「有時候錢少一點沒關係，但身邊有個可以幫助你得到適配器材的團隊，要比賺更多的錢卻因為器材問題而不能發揮潛能要好得多。」而且，Pure Aero並不是只適用於紅土球場的專家。

法國球員佩爾、松加及阿迪昂·馬納里諾（Adrian Mannarino）都使用相同型號的球拍。加拿大的歐傑－阿里亞辛也是，但他的球拍和拉法的並不完全一樣。這位2022年鹿特丹網賽冠軍選擇Pure Aero Vs，這支球拍保留旋轉的優勢，同時提供更高的精準度。「這是融合他的球拍和較細拍框的款式，也比較好掌握，」2021年首度進入世界前十的歐傑－阿里亞辛說道：「以前我試過拉法那支球拍，跟我喜歡的、我的感受比起來，它對我來說有點太強大了。但拉法的整個職涯，這支球拍都很適合他：他很常打上旋球，而這支球拍在空中移動速度很快，對他來說很符合空氣動力學。」

客製化球拍

　　這可能會嚇到你，但你知道你可以在你家附近的運動用品店買到納達爾的球拍嗎？它的款式，包含結構和拍線，我們都可以用它來打球。「拉法的球拍和其他頂尖球員的球拍之所以與眾不同，是因為它們都是客製化的，」特里奇尼歐解釋：「這個客製化有兩個目的：一是生產幾種完全相同的款式，消除公差；第二是盡量讓球拍符合球員的規格，也就是適合他的戰術意圖、揮拍、型態，以及習慣。」

　　一旦球拍出廠，就再也不能改變球拍的結構，也就是它的剛性和穿線。不過還是可以更改某些參數，好讓球員能夠在場上全力發揮。

　　特里奇尼歐向我們說明他團隊的工作細節：「我們可以著手的第一件事，就是握把的形狀。微調納達爾的球拍還算輕鬆，只要調整握把的下方部分，稍微加厚握把的尺寸。接著是球拍的質量——平衡——和慣性矩，也就是物體上質量的分布。而處理拉法的球拍還算是蠻簡單的：只要將質量放置在手柄中和拍頭上。穿線師的工作就在這裡：他要回收幾支不同特性的球拍，但是他得做到球拍準備好後都是相同的。也就是說每支球拍要做的加工都有些微不同。針對其他球員的球拍，我們會在拍頭部分加一些物質，不過是在側邊。拉法的球拍不用這麼做，因為這些調整會改變他球拍的操控性，而他需要非常順手的物件，因為他打正拍時，他的手腕都提得很高。依據你在拍頭或在握把加三公克，每個型號的特點不一定都一樣。確切地說，我們的量身訂製是沒有規則的：適合西班牙球員

的配置不一定適合其他球員，反之亦然，因為每位球員都是獨一無二的。」

　　維柏同意這個觀點。「蒂姆可以用拉法的球拍打球嗎？他試過，但效果不太好。拉法可以用蒂姆的球拍打球嗎？我不覺得。看看這兩位選手的揮拍動作：截然不同。蒂姆的動作很大，他的準備工作做得很足，因此他需要不同的慣性。而納達爾則有一側更結實，而且他具有在更短的準備動作加快比賽速度的能力。」

　　一旦進行客製化，納達爾的球拍就沒什麼特別了。從他最初打球開始，納達爾就傾向拿稍微輕一點，也更順手的球拍。如今，陪他征戰世界各地球場的球拍非常精準地重317克，不算拍線和他自己加上去的5克吸汗帶。這個重量剛好是當今網壇男子職業選手球拍的平均重量。只比店裡銷售的同類產品重17克。

　　相較之下，美國球星山普拉斯在1990年代使用的球拍重達400克，而且還不含拍線喔！

　　球拍的平衡，也就是對應握把頭和平衡點之間的距離是33.1公釐。最終，可以測量球拍的力量和機動性的慣性是335km/cm²。「如果你能在一個半小時內使用重315克到320克之間的球拍打球，你就可以使用納達爾的球拍，」特里奇尼歐表示：「我們要做到莫亞球拍的特殊性還很遙遠，那是一支非常特殊的球拍，非常注重拍頭的平衡，因此對於一般人來是說很難打的球拍。」

團隊合作

　　當然，拉法的客製化球拍可不是魔法棒一揮就完成，得靠Babolat與拉法攜手合作。

　　就算這個關係不像一級方程式賽車手與車隊的關係那樣經過大事宣傳，卻也同樣重要。因此，Babolat和納達爾團隊間的交流持續不斷。

　　「我們每年至少去西班牙一次，確保一切順利：當然我們會和拉法談，他總是很坦率，但現在我們也跟托尼或莫亞談，還有梅墨（他的物理治療師）、貝尼多・培瑞茲－巴巴迪洛（Benito Perez-Barbadillo，他的公關），以及陪練者；陪練最後會跟我們說球是否來得更快，球的距離長還是短，」維柏詳細說明：「這是場上的團隊合作。當納達爾贏球時——多年來都是如此，他就不會要求做很多修改。但我們隨時待命，始終自問：**我們有在創新、研究、開發嗎？誰可以把事物改善得更好？**我們從不停止提出一些建議。」

　　你可能會想：冠軍的職業生涯無論多壯濶，也是一段布滿陷阱的旅程。納達爾的也不例外。他曾經歷過幾段質疑的時期。在這些時刻，他和團隊有時會表達改變的意願。

　　納達爾的職業生涯再次經歷挫折，特里奇尼歐回憶起最近那段時期。

　　2021年9月，納達爾宣布結束賽季的幾個星期後，他接受了左腳手術。球迷第一時間紛紛祈禱，而觀察者則毫不掩飾他們對他接下來的網球冒險之旅的悲觀看法。

　　「納達爾聯絡了我們，為他重返球場做準備。他想改進他的裝

備，好讓表現更出色。這顯示了他在35歲這年紀的心態……他覺得他在場上被打亂了，對手打得越來越具攻擊性，因此他想重新把球打長些，也更容易發力。因此我們做了不同的調整，而不會過度改變球拍的操控性和重量，為他帶來這額外的力量，而不需耗費更多力氣。10月底，我們跟他一起調整了他球拍的幾個參數：如果球拍一直是317克，我們將質量的分配略作調整，帶來不一樣的打法。我們還稍微修改了一下平衡和慣性矩。」

結果呢？2022年1月至3月間參加的21場比賽，共20勝，並且獲得三場賽事的冠軍：墨爾本夏季系列賽、澳網及悶熱天氣下的墨西哥阿卡普科網賽；以及印地安泉大師賽決賽。拉法在當年賽季打出了職業生涯最好的開局，再次展現這些調整的關聯，以及Babolat與拉法團隊無數次討論的成果。

⊘ 避震拍線

讓我們倒個帶，回顧一下納達爾的職業生涯。2009年5月31日是重要的日子。法網四冠王第一次在巴黎紅土賽敗給瑞典選手索德林，以6-2、6-7、6-4、7-6落敗。西班牙蠻牛受到傷害。而納達爾團隊很快就做出回應。

「2009年7月，托尼來找我，說他希望幫拉法的球打得長些，」維柏回憶道：「對我們來說，這是極重要的訊息，因為我們知道有件事必須要做。當他的團隊要求我們時，我們必須積極主動有效率。但要改變球拍的參數還是非常複雜的，因此我們建議納達爾團

Babolat 與納達爾攜手合作。
就算這個關係
不像一級方程式賽車手
與車隊的關係
那樣經過大事宣傳，
卻也同樣重要。

隊換拍線，從Pro Hurricane Tour換成RPM Blast。隔年，拉法來到里昂，測試這個在當時還是樣品的新拍線。他愛死了！甚至必須加快上市，自此他就改用它打球了。」

網球拍線有兩大類：天然的腸線與合成拍線。我們不是要嚇唬你：它是非常重要的元素，就跟球拍一樣，球員和團隊都會特別留意。

用過Pro Hurricane Tour後，納達爾在2010年就改用RPM Blast，一種單絲纖維拍線，其高密度共聚酯的八角型表面更有利於提升力道和旋轉。

改變拍線並不是一開始就成定局。由於拉法多年來都使用相同的產品，因此必須說服他創新的必要。

但結果是雙方達成共識：2010年是納達爾的最佳賽季之一。他連拿法網和溫網兩座大滿貫，並且首度贏得美網冠軍，成為公開賽年代拿下四大滿貫賽冠軍的最年輕球員。如今RPM Blast已經是職業選手最愛用的拍線之一。

最近退役的法國球員松加就使用相同的拍線。2022年我們有幸在馬賽網賽遇到他，問他對這個產品的感覺。「這是一種很會讓球旋轉的拍線，為了讓它發揮最大能力，你必須夠強壯，揮拍也要很強！因此這是專門為他打造的材料，他長久以來都用135尺寸（1.35mm，拍線的直徑），假如我也用這個，我發球只有時速122公里！就我個人來說，我用的是125的……他呢，必須花很大的力氣擊球。」

巡迴賽中，很少球員用到135，一般都用125。

「考慮到他打球的力度，這個拍線可以讓他有更好的控球力與持久力。」特里奇尼歐明確表示。

自2021年以來，納達爾的用線從135換成130。「尺寸變小也提

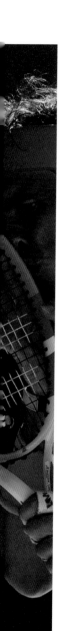

供更多力道。尺寸越降低，球拍就越有力，擊球衝擊力就越討喜，越靈活。但拍線的使用壽命就更有限。」最後，他的拍線的張力是25公斤。也有罕見的例外，例如在高海拔地區的比賽，可以到25.5公斤。「他的球拍的張力從來沒有改變，」維柏補充道：「雖然想減少半公斤，好再增加點力量，但最後又回到最初的重量。」

「他把所有球都打進防水布！」

納達爾對他鍾愛的球拍倒顯得沒那麼關心。他說不太了解球拍的特性，對他的團隊有信心。「我們就在這裡，所以他不必擔心球拍的重量和平衡，」維柏解釋：「他呢，即使他仍很專注，還是特別想要好打的球拍。」

他很細心。甚至比細心更甚。如果有什麼東西改變了，納達爾也會立刻注意到。

Babolat運動行銷總監跟我們說了一個故事，充分說明了偉大冠軍的感敏度。「幾年前，我們對握把的形狀有了更多符合人體工學的思考，以適應手部的形狀。於是我們帶著十種不同的球拍樣品前往馬約卡島。準備樣品的人警告我：**等著瞧，其中一支應該有再增加二到三公釐**。這種情況有時會發生在原型上。隔天，納達爾開始測試，他試了好幾支球拍，什麼都沒說。過了一會，他打了兩顆球，然後突然停住。他打電話給我們，向我們要他的球拍。他看出比原樣多了二到三公釐！他常說自己是很糟的測試員，但其實並非如此。這些冠軍都有一些無法反駁的標準和參考。這迫使我們要非

"

一場比賽下來，
每打七到八局，
他就會換球拍，
好用新的拍線打，
以保持最佳表現。

——

常了解我們的球員，而這個要求只會讓我們進步。」

拉法和Babolat的合作是不可否認的成功，但就像所有的結盟，有些時刻還是頗為艱難。這是可以理解的：當創新成為策略的核心，就很難不經歷失敗。

「有一年，他的團隊要求我們提供重一點的球拍。在測試期間，我們感覺該款有回應某些要求，但速度很快，納達爾說重量的改變不適合他，」維柏說道：「還有一次，我們試著讓他打直徑小一點的拍線；我們甚至加了腸線，就張力的耐久性來說，這是很出色的拍線，而且力道更強大。而且滿好笑的：他把所有的球都打進防水布裡。」

這些最新細節的要求並沒有讓納達爾成為對改變敏感的人。他花時間研究及測試Babolat交給他的所有產品，儘管有些具有實驗性。

他甚至是第一個使用連結比賽的球拍的球員，這種球拍在握把中配有感應器。Babolot在2012年推出這款球拍，可以提供一堆訊息：比賽時間、正拍與反拍的次數、球速……但也保留了普通球拍的特點。

有點難懂嗎？維柏來支援說明：「我們不改變重量、平衡或慣性，但更改球拍把手部分的結構，以便能整合新的元素：電池、零件、感應器或電子模組。因此，產品的感官感受有點不一樣，不論

是耳朵還是手部。這不會改變球拍的手感，但我們還是修改了一些基準，而這些基準對於納達爾這樣的球員是很基本的。」

另一方面，對拉法來說很透明，但對我們來說就不那麼透明的是，從將電子設備整合進球拍握把內部起，客製化球拍就變得更複雜了。在傳統球拍上，我們有足夠的空間在握把內部加入質量，而連網款式就必須用模組來做，也必須調整產品在技術上客製化的方式。」

這支球拍不是很成功。一般大眾或職業選手都沒有採用。除了納達爾，很少男選手或女選手的袋子裡有它的位子。2016年奧運女網冠軍葡萄牙的莫妮卡‧普伊（Monica Puig）與丹麥的卡洛琳娜‧沃茲妮雅琪（Caroline Wozniacki）都嘗試體驗過。但一些優秀的網球員，如松加或拉莫斯－維諾拉斯都不用。老實說，對於高水準球員來說，好處並不是那麼明顯。因此，納達爾用了Babolat Aero Pro Drive幾年後，終於回歸傳統球拍，Babolot便決定不再販售這款連網球拍。可以肯定的是，假如拉法曾經喜歡過，那麼或許是與眾不同的……

閃亮如拉法

　　因此不再有連網球拍，而是以他的名字命名的球拍，沒錯。當我們知道納達爾之於Babolat所代表的意義，這個概念勢必應運而生。

　　納達爾沒有缺席參與這款球拍的設計，並正式命名為Pure Aero Rafa：色調熱情而大膽，而他是唯一使用這支球拍的職業球員。他自己選擇球拍的顏色：紅色，加上球拍底部的黃色，讓人聯想到西班牙國旗；橘色，則是向他鍾愛的場地紅土球場致敬；還有紫色，根據納達爾的說法，代表誠實和正直的顏色。別忘了最後的點睛之筆：鐫刻在握把附近的**Rafa**字體。「這是他很喜愛的球拍，」維柏興奮地說道：「真的很想製作一款適合所有人、讓人想要、令人愉快的球拍，尤其是在當前的環境。」

　　這支球拍真的很令人愉快。閃亮動人，甚至就如他的個性、他的球風，以及他的運動裝束。而這也是拉法選的。這種作風沒什麼好驚訝的：納達爾似乎對他鍾愛的球拍非常依戀。我們常聽說他一生從來沒有砸壞過一支球拍。很抱歉，維柏，但我們很想知道這個網球傳奇是不是真的。

　　「有一天他砸壞了一支球拍，但那不是故意的。他那時還很年輕。納達爾從來沒有打電話給我們說他弄壞了球拍。比方說他大可在發球時故意甩掉球拍，但這從未發生過。」

　　所以拉法就是個模範生。當我們知道他手上有一大堆球拍可用，更覺得這實在是一大成就。

　　在他30到40歲間的某一年。讓我們說得更準確些：比賽期間，

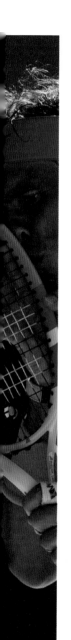

納達爾的包裡隨時都有六支有編號的款式，組成一套球拍。一場比賽下來，每打七到八局，他就會換球拍，好用新的拍線打，以保持最佳表現。「拍線是一種有生命、會進化的產品；隨著時間，會失去張力，」特里奇尼歐解釋：「為了有相同的感覺，球員必須定期更新他們的拍線。這個預期說明了為什麼現在的球員在比賽中很少打斷拍線。」

大滿貫賽事期間，像是法網，如果他能順利打到最後（因此就是七場比賽），他將使用約80支球拍，包括比賽和練球。去練球前，他會把他一套六支球拍中的兩支球拍穿好線。每次交手前，他會把全部的球拍穿好線。

必須說清楚，他的球具製造商每兩個月或每季都會更新他的整套球拍。每年紅土賽季前，拉法都會固定收到一套新的。但最終，納達爾並不是真正的大客戶。

「很多年前，就在法網前的一場比賽，我去看看他球拍的狀態。這些款式是我們六個月前寄給他的，而我們其實有寄另一套給他！我們不得不跟他解釋說球拍不是糖做的，而且當你每天用它打兩到四小時的球，像他那樣擊球，就必須經常更新球拍組。我想如果由他決定，他一年大概只會用掉18支球拍！」維柏開玩笑說道。

你無疑再也不以同樣的方式看待納達爾的Pure Aero。那更好：如果這個工具解釋不了納達爾的無數成就，它的角色還是很重要。如果不強調這一點，那就太遺憾了。

苦練

費德勒與納達爾之間令人歎為觀止的競爭之初，一些觀察者為了營造他們的差異，毫不猶豫就拿瑞士特快車的優雅和西班牙蠻牛的強力，以及天賦和努力作為對比。如今當我們知道納達爾的網球在許多方面是多麼全面又富美學時，這個比較就顯得簡化了。

但必須記得的是，2005年的巡迴賽因拉法的橫空出世而掀起濤天巨浪。就像我們之前看到的，除了對勝利的渴望——有時會錯誤地與自負搞混，他的力量、他的耐力，以及他讓那些老練對手體驗痛苦的能力，都能製造出炸彈級的效果。如果世界網壇最傑出的球員一直以來都是以超強的擊球者和發球者為主，那麼如此早熟的球員還能表現出這麼好的性格確實很少見。這是從很小的時候就投入大量心力培養出來的優點。這股努力不懈的精神，一直體現在納達爾的整個職業生涯。

家族傳承

為了瞭解納達爾和訓練與工作之間的關係，得追溯到他的童年與青少年時期。他出身運動世家，最早熱中踢足球，而他的叔叔米格爾‧安赫曾效力FC巴塞隆納隊和西班牙國家隊，是很傑出的足球選手。但他的伯父托尼並不這麼認為。托尼在姪子三歲時就發現他的網球天賦，並在他12歲時就成功說服他專攻小黃球。即使必須做

出各種犧牲，也不能說這個選擇是不明智的。

托尼也曾是網球員，後來擔任教練，肩負起教育並訓練小納達爾，他當時已具有不可否認的素質，但他的進步又無可避免地需要大量練球和努力不懈。托尼不惜讓他花無數小時訓練，強迫他不知疲倦地重複相同的動作。目標不只是要進步，而是習慣努力，習慣練球，也習慣吃苦。讓這個過程變成自然，甚至變成滿足感與愉悅的來源。1996至2004年間，和托尼一起擔任神童教練的前教練普塔向我們吐露：「大家都說納達爾就像個工作狂，但他自己並不這麼認為。他沒那麼多優點，因為對他來說，努力練球是通往成功的唯一道路：這在他身上就像天性，他不會質疑，而他的決心是無限的。」

前球員蒂埃里‧尚皮翁沉浸在昔日回憶裡，也是這麼附和。「當拉法18歲在蒙地卡羅贏得他的第一個1000分大師賽冠軍時，我是孟菲斯的教練。孟菲斯有幸在第一輪就和納達爾交手。納達爾以6-3、6-2獲勝，孟菲斯就此結束該項賽事，於是決定參加巴塞隆納網賽的資格賽，這期間拉法正在蒙地卡羅打準決賽和決賽。孟菲斯獲得打正賽資格，必須在星期一再出賽。那天，我們早上8:30左右到達俱樂部，這個時間點沒什麼事可做！遠處，我們聽到有個傢伙使盡全力揮拍：那是拉法正在練球，而他才剛贏得蒙地卡羅的冠軍。獲得這樣的勝利，任誰都應該大肆狂歡或休息一天。而他老兄，並沒

"
西班牙球員都有這種為網球而生的文化，而拉法就是完美的例子。

有。」無庸置疑，納達爾很早就走的路，不禁也讓人想起他光榮前輩走過的路。

西班牙傳統

　　這種工作文化與出色的吸收能力似乎印刻在許多西班牙球員的身體裡。無論是退役或現役網球員，都熱中長時間高強度的訓練，好處是可以讓他們的技術和體格更臻完美。有句可驗證的老話說西班牙人堅忍不拔，擁有優於平均水準的體格。「西班牙球員都有這種為網球而生的文化，而拉法就是完美的例子。」桑切斯解釋：「今天，我們有像包蒂斯塔－阿古或卡雷尼奧・布斯塔的球員，他們不是多偉大的網球員，但他們都把所有時間投注在網球上，而且比其他人更專業。而這是有報償的：他們體格強壯，在場上總是控制好球，還是最佳球員之一。」

　　根據前職業球員的說法，這個伊比特色源自於他們國家的政治史。

　　「為什麼西班牙球員能夠持續不斷接受艱苦的訓練？這是有社會和歷史原因的。這是佛朗哥及其多年專制政權的遺產。直到1970年代，人們都還不太能從事運動。後來，運動又變成建立社會連結的方法，對於最有天分的人來說，可以賺很多錢。」但為了代代相傳，還是需要有前輩確保接力棒能夠傳承下去。

　　這正是費雷羅和艾卡拉茲給自己的使命。前法網冠軍費雷羅利用他的經驗、網球與訓練科學，把他的所有知識傳授給他那個彷彿

火箭一般降臨巡迴賽的徒弟。而假使艾卡拉茲的確是全面型球員，那也是因為他的耐痛力和長時間比賽的能力，讓他贏得邁阿密和馬德里兩個1000分大師賽冠軍。此外，他還喜歡表現出他對網球同事的尊敬和對納達爾的無比欽佩。

此外，即使督促拉法訓練其實就是在勸服有信念的人，他的現任教練莫亞還是繼續鼓勵他的愛徒，為他設定一些限制，在他的訓練中扮演要角。

很快地，輪到納達爾透過他的網球學院傳達他的理念，去培養未來的世界網球新血。結果已經指日可待。

等待看22次大滿貫冠軍得主的同時，一些西班牙小腦袋繼續給觀察者留下深刻印象，而某次出差馬德里時就被迷住的理療師杜杭就說：「我很喜歡他們的心態，這同時是重視工作、訓練以及渴望前進的良好結合。他們的願景就是享受訓練、比賽與具有競爭力的樂趣。趁著馬德里網賽舉行之際，我去了幾個比較偏遠的球場，那裡有一些八、九歲的孩子在打球。我們看到孩子們一個接一個到來。」

「他們的第一個練習是用正拍把球打到斜對角。第一個失誤的人必須繞著球場跑，而且是馬上！他們的目標是不失手，然後加大強度讓對方失手。我們經常發現這類挑戰或比賽形式的練球。這些挑戰總是很有建設性，而且有雄心壯志比別人做得更多、做得更好。這充分說明了這個提倡超越自我的文化，在在需要努力和苦練。」

超越自我與努力不懈，就是……當我們看到西班牙蠻牛在訓練時，會立即浮現腦海的兩個概念。

他打球就像他在比賽一樣，
大多數球員都不是這樣的。
我們沒有一起
訓練過很多次，
但我會記住
這激烈強度很久很久。

唯一的關鍵字：強度

　　如果納達爾熱中練球是源於家族和文化傳統，也解釋不了他每次訓練所投入的強度。前網球員愛蜜莉‧羅伊（Émilie Loit）好幾次差點從椅子上摔下來。「很多球員擊球都變輕的。但談到納達爾，就會看到他擊球很用力，比在比賽打得還用力，令人震驚。通常他打兩球，第三球就被他打爆了！你感覺他想把球打爆，他要超越自己的最高水準。而這也是很少球員喜歡跟他打球的原因。納達爾甚至會犯一些嚴重錯誤，因為球飛得太快了。他每一球都打得很準！用那麼大的力道揮拍可以讓他調整他的打法，找出比賽中的節奏。我覺得沒幾個人能跟他相提並論，雖然戴波特羅訓練時的精準度和速度也很令人印象深刻，但這還是有點像在比賽。交手時，拉法想做到的比他能做到的還多更多。」

　　他到底為什麼堅持要打得那麼重，就算用正拍把大量的球都打進防水布裡也無所謂？難道是為了給對手錯誤的跡象？這會顯得很狡詐，但事實並非如此。有幸受邀到納達爾網球學院的杜杭給了我們一部分答案：「他跟我們解釋了他訓練時擊球如此用力的原因。他告訴我們對他來說最重要的，是身體的強度。即使剛開始練球的時候，球打飛一些，擊球的強度還是比什麼都重要。而就算沒打到球，他也不會退縮。我們大可以跟他說放慢速度，因為他犯了很多錯誤，但他還是繼續這樣。我在拉斯維加斯見過幾次面的阿格西也是這樣。他擊球，而就算球打飛，他也認為沒什麼大不了。這是好的失誤：球雖然打飛，但如果有好的意圖和強度，就是對的。令人印象深刻的，是他的鎮定，就算發生地震，他還是專注在自己該做

的事情上！他給人沉浸在自己世界的感覺，我們真的不想打擾他。我在小威廉絲身上也感受過這個；她可以練45分鐘的球，但在這段時間，除了練球，其他都不重要。」

紅土之王的整套練球是獨一無二的奇觀。根據他的狀態、需要與意願，在一小時、一個半小時或兩小時裡，他會增加球風的練習，並且給自己一些限制，以便在比賽前修正調整最後的細節。據迪巴斯卡勒的說法：「納達爾練一個半小時的球，相當於其他球員練五個小時。在熱身時，看到他已經當比賽開始，真是令人難以置信。他把訓練和比賽完美連結。然後，隨著年紀漸長，他訓練量減少，但以質取勝。」

質的意思就是，好比，有時會在球場的另一邊安排兩名球員，為了⋯換換花樣增添樂趣。「這些訓練存在未知因素與長期壓力：二對一的比賽，禁止打反拍的練習等。這些都是難以接受和掌控的比賽條件，」歐斯納說道：「但最終，訓練的不舒服，變成比賽的舒適。這很大程度地啟發了我的運作方式。我在約束下大量練球。而我發現這些訓練都很棒，因為既練習了打法，也鍛鍊球員的頭腦。」

為了實現目標並做好準備，納達爾需要有默契的合作夥伴，既能挑戰他，又不會犯錯。「他每天所做的一切都是為了一個目標：盡可能保持競爭力。因此，他每次訓練都是百分之兩百投入。如果你連續犯兩到三個錯誤，他就不太能接受，因為他對訓練和比賽同樣重視。他想要更臻完美。只要沒有按照他想要的方式擊球，他就會繼續⋯⋯」桑切斯作證道。

拉法就是完美主義者，需要大量訓練球來衡量自己、適應場地，並且在整個賽事中精進自己。因此，2022年羅馬大師賽32強賽出戰伊斯納，當納達爾一拿下賽末點，就看到他向團隊要求預訂

訓練場地也就不足為奇了。這場交手顯然沒有為他帶來足夠的工作量，需要從早到晚不斷檢討。「從他完成上午訓練的那一刻起，他就必須恢復體力，以便能夠進行下午的訓練，而這個訓練都是有目的的。這是很艱鉅的工作，但你必須有正確的心態才能做到這一點。巡迴賽中有些選手並沒有這種運作模式。拉法在追逐歷史，這不是打好網球和謀生的問題，而是永保前進的渴望。」HumanFab創立者法柏荷分析道。

再加上將工作和樂趣融為一體的願望，你就擁有完美的雞尾酒。「我訓練的壓力越來越小，」維達爾在2019年12月說道：「以前，我對訓練的自我要求非常高。注意，我向來要求都很高，嗯，但這些時刻我真的感覺不那麼緊繃了，而這讓我更開心。」

── 同儕球員的欽佩之情和複雜感受 ──

而最能道出他這股不可思議的努力不懈精神的，當屬那些曾在特定的訓練或安排的比賽中與納達爾交手的球員。

「能有機會和像他這樣的冠軍一起訓練真是太棒了，我們只能學習。我對他擊出每一球那難以置信的強度感到震驚。」新生代好手揚尼克・辛納（Jannik Sinner）在2020年9月《米蘭體育報》（*La Gazzetta dello Sport*）的專欄針對這個主題如此讚揚道。無論是老將或新生代球員，納達爾的所有練球夥伴都大方地承認他們體驗不同凡想的經歷，儘管獲得的樂趣各不相同。因此，法國選手西蒙還保留了一些他和納達爾在比賽以外幾次交流的鮮明記憶：「老實說，

訓練期間他總是用盡全力擊球，還把球都打在牆上，真的頗辛苦。我知道很多球員都為此指責過他。相反地，跟他打若能得分，那就太棒了，因為他打得真的跟比賽時一樣用力。我們都覺得他想贏得一切，因此這是一場真正的訓練賽，而他完全投入其中。他打球就像他在比賽一樣，大多數球員都不是這樣的。我們沒有一起訓練過很多次，但我會記住這激烈強度很久很久。」

那些往往成為他比賽手下敗將的西班牙同胞選手，在訓練中毫不猶豫地與他正面交鋒。這並不總是有助於建立信心──法網開賽前經常在中央球場和納達爾對戰的卡雷尼奧·布斯塔卻不這麼想，反而說這也是讓自己賽前準備最佳化的機會。

包蒂斯塔－阿古的教練荷西·凡德雷爾（José Vendrell）解釋說，2020年底，為了和非凡的納達爾切磋，他和子弟兵毫不猶豫就前往馬約卡島。

「納達爾讓你精進各方面的打法。他設立非常高的障礙。他的要求也是越超自然。這一切都有很大幫助。不論是對包蒂斯塔－阿古還是納達爾來說，那幾天都是高品質。納達爾努力確保消除誤差範圍。如果你犯下一點小錯誤，他就會毫不猶豫利用它。你必須一開始就很積極。就算你擊球再強，你也無法避免被反擊。他能增進你的打球狀態，還有你的心理、技術與戰術水準。他就像一台離心機。他讓你離開你的舒適圈，激勵你、向你提出很多要求。我不覺得訓練中的納達爾與比賽中的納達爾有什麼差別。能有機會和他一起練球就是超棒的事。而對於包蒂斯塔－阿古來說，在球季開始前能進行這麼有質量的訓練，簡直是難以置信的機會。」

費雷羅比任何人都知道練球與訓練的重要性，也表示同意：「跟他一起練球，始終是很愉快的事。你事先就知道，由於他訓練時的態度和行為，這將是一次很有效率的練球。假如他背離這個

要求，他將永遠無法達成他所做的一切。」沒錯，面對納達爾是很有成效卻又困難的事，因為他無時無刻不在面臨身體的和心理的挑戰。「他的影響力如此大，證明他無論做什麼都是百分百投入。這對於他對面的人來說始終不容易……但一直以來這也是可以學到很多東西的時候。我們常常想到身體層面，但心理的強度又是另一回事。他能在幾個小時期間一直保持非常高水準的這種強度，是許多球員都無法企及的。」1987年法網打敗艾柏格的維諾格拉斯基明確指出。

────── 「希望我不會變得很可笑！」 ──────

如果對已習慣在巡迴賽和納達爾交手的職業選手來說，挑戰已經非常高，那麼請想像一下，這對陪練夥伴來說又意味著什麼。為了更加了解，我們來聽聽法國選手薇薇安・卡波斯（Vivien Cabos）怎麼說，她是備受巡迴賽優秀選手期待的年輕網球員，也因此得以經常和西西帕斯、迪米特洛夫或卡查諾夫等人練球。此外，2019年法網期間，她和納達爾一起練球。令人難忘卻也壓力極大的第一次。「我是前一天晚上才知道我要和納達爾一起訓練，簡直是美夢成真。他是我非常崇拜的球員，當然也是我最愛的網球選手。本來我應該和他一起打好久的球，可是每一次都在最後一刻取消。得知要在尚・布恩（Jean Bouin）訓練中心和他一起訓練的前一晚，我失眠了。我告訴自己：希望我不會變得很可笑！我當時處於極度興奮的狀態，尤其是因為隔天就要慶祝我的生日！訓練那天，我記得

每當他來到網球場，
都是爲了改進一些東西，
找回他可能會失去的感覺，
或者找到他還沒有抓住的感覺。

我跟他的教練莫亞說我的壓力。他盡一切努力讓我放心，說：別擔心！他會讓妳感覺很自在。他超級酷，假如他看到妳盡了全力，一切都會很順利。他甚至建議我先練幾個球。之後納達爾來到球場。感覺很奇怪：他身高跟我差不多，但是當我們看到他時，他散發出一種強大氣場……彷彿他占據巨大的空間。當他要穿過球場時，我立刻停止和莫亞交流，通常我都會繼續打。我可不想把球打到他的頭！當一群小孩受到納達爾的吸引而聚集在球場四周時，我的壓大又更大了。」

舞台已經搭好，你所要做的就是不要讓自己被情緒淹沒，力求專注，比在比賽還要專注！「這讓我很驚訝，但訓練開始時，納達爾擊球緩慢。但隨著訓練的進行，他逐漸提升力道，最後，那速度……令人印象深刻！我真的覺得他擊球比在比賽時更重，」這位在托馬斯・恩奎斯特（Thomas Enqvist）設於普羅旺斯－艾克斯的IBS網球學院教球的馬賽教練繼續說道：「此外他也可能犯下一些很大的失誤，但他不在乎。相反地，在網前犯錯也令他抓狂。我覺得他盡可能用力擊球，告訴自己在比賽中他會打得更旋，讓球留在場上。而我就在那裡，面對著他，全神貫注，因為我知道也看到在我面前的人是誰！我試著不看他，只一心一意專注在球上。他的球就……旋轉得那麼厲害，以致當它向我飛來時，我有種看到它的毛散開的感覺。一度，他的教練走過來看我，跟我說我們要兩個人跟納達爾對打……我只有半個球場要守，儘管如此，他繼續表現的強度和精準度簡直瘋了。與他對打，很簡單：你就是要有對於他的每一球，你都必須努力不後退一公尺的覺悟。那天，我終於明白為什麼他能多次贏得法網冠軍。」

據陪練說，很少有球員在比賽之外能有這樣的印象。「這種同樣嚴格、沒有一絲僥倖的訓練，我只在另一個球員喬科維奇身上看

過。面對他們時，你幾乎會感受到一種害怕和他們打球的狀態。當我是陪練時，我總是想把事情做好，達到標準，不讓人抱怨我。跟他們打球，肯定會有壓力，但我喜歡這種情況，因為這讓我超越自我。他們的嚴格要求感染到球場上的每一個人，也包括我和教練。這營造一種特殊的氛圍，但因為我還要照料學院的年輕球員，這些都是富有教育意義的時刻。」

因此納達爾透過他的行為和要求，迫使他的練球夥伴（程度如何不重要）與對手隨時自我要求。但會這樣的可不只是球員。前國際裁判巴斯卡・馬利亞（Pascal Maria）承認「當有納達爾比賽的裁判很難，因為他會要求你做到最好。他對自己的準備動作毫不妥協。如果他能做到這一點，那是因為他是工作狂。對他來說，這就是十分重要的事情，因此也間接迫使他變得更好。由於他對自己不妥協，我們身為裁判也得全力以赴，他不會接受一點點錯誤。這就是他時不時會有一些熱烈討論的原因。當他努力不懈成為最好時，很難理解自己為何會受到處分。」

練球，成功與進化的源頭

這種努力的文化和永久的承諾，為他在缺席了數個月之後，仍能在巡迴賽表現出色的能力，提供了答案。2022年，他在澳網封王，以及接下來的20場連勝，都是他無數犧牲的成果。納達爾持續挑戰自己和這項運動的極限。而如果沒有什麼能取代對戰的感覺，那麼日常的嚴格訓練和限制便能讓他永遠不會真正失去節奏。而當

你常常因傷而不得不停下時，更有用。

而如果他每次訓練都當比賽，那是因為他在上場前都有一個特定的目標。不論是為了適應場地、了解賽事的用球或想要調整他某個特定的打法，每一分鐘都很有用。這種對細節的注重讓尚－保羅・羅德非常佩服：「每當他來到網球場，都是為了改進一些東西，找回他可能會失去的感覺，或者找到他還沒有抓住的感覺。他不斷尋求改進。」

拉法的完美主義讓他的整個職業生涯不斷進步，也成功適應各種對手和情勢。正如我們所見，這種平衡並不適合所有人和所有心態。「我們有一個反例，孟菲斯，他也有能讓他擁有更偉大職業生涯的天賦，」羅德繼續說道：「但或許他還不夠渴望。假如我們不想每天訓練五個小時，不想預防可能的受傷，不想有頂尖運動員的人生……我們可以後悔，那我們還能說什麼呢？我想像在某個時刻，孟菲斯有試著盡力去做，但也許還需要有更多更多的努力。」

「持續超越自我並不一定適合每個人。我們可以批評這一點，說真是可惜，但必須明白，有些人想，有些人不想，他們都有各自的理由。對於納達爾來說，一切都更清楚：無論是身體上、技術上或心理上，他就是創造來當世界第一的。」

說了這麼多之後，我們可以認為他，如果沒有這種紀律、這般嚴格和這麼努力不懈，他或許就不會是這樣。然而拉法知道聰明練球，並不斷改進自己的打法。直到今天依然如此。

9

打 法 的 進 化

我們都知道納達爾熱愛足球和高爾夫球，但他對橄欖球也有同樣興趣嗎？毫無疑問是有的。而且，納達爾努力實踐紐西蘭國家橄欖球隊All Blacks所珍視的座右銘：「成為最好，永不止步」。就像所有偉大冠軍一樣，拉法持續走進步之路，避開停滯不前的道路。

「我認為自己是不斷進化的球員，總是尋求在各種場地都變得更優秀，但同時也適應職業生涯中所有身體問題對我身體造成的限制，」這位22座大滿貫得主在2019年吐露心聲：「我很自豪，因為我始終都知道保持開放心態去接受改變。而且，每一次都以明確的意圖改進所有事情。僅僅是為了訓練而訓練是沒有意義的。」

必須說有他伯父兼教練托尼·納達爾在身邊，納達爾就像上了所好學校。

「拉法還很小的時候，有一次參加全國錦標賽打到了決賽，」前西班牙網球員桑切斯回憶道：「他伯父告訴他打上網截擊。拉法聽了他的建議，但他直落二輸球。比賽結束時他哭了，然後跟伯父說如果用他的打法就能贏球。托尼回答他：今天我必須恭喜你。你證明了你可以打得很有攻擊性。然後，你就照我的指示去做。最後就算你輸了，你仍然繼續這樣做。他明白需要改進他的打法。」

心理準備專家歐斯納長久以來就十分欣賞納達爾「拉法首先追求的是比自己好，再來才是比別人更好，」他解釋道：「因此，首要目的是進步，然後用新武器去戰鬥。尤其不能反其道而行：有太多年輕球員在還沒準備好的情況下就想投入戰鬥。納達爾越進步、越創新，贏得的冠軍頭銜就越多。但創新並不意味要打破一切並加以改變：我們保留好的基礎，但我們將把更多東西執行到位。」

紅土之王，但不只如此

如果納達爾的職業生涯依然以他在法網不可思議的成就為標誌——參加18次贏得14座冠軍，如果他是紅土球場史上最優秀的選手，那麼說納達爾只是擅打紅土的選手，對他的職業生涯又是不公平的。然而，自2005年起，在他拿下第一個法網冠軍頭銜之後，許多人都懷疑他在其他球場是否還能表現一樣優異。當時甚至有個非常糟糕的預言，是基於一個可接受的論點：他的比賽是紅土專家的打法。

「在他職業生涯初期，他讓我想到讓獵物跑到累死的獅子。比賽開始，儘管他本可以更早完成比賽，但他還是打了很長時間的比賽。但目的是讓對手跑動，這樣比賽就會變得越來越困難，這樣在第一盤結束時就像在健走散步。以他這個年齡的男孩來說，他有著令人印象深刻的掌控力。」歐斯納回憶道。

網球史上有很多只在某種場地表現優異的球員。安德列斯·戈梅茲（Andres Gomez）、塞吉·布魯格拉、古斯塔沃·庫爾登（Gustavo Kuerten）、亞伯特·科斯塔或加斯頓·高迪歐（Gaston Gaudio）都至少贏得一次法網冠軍，但他們從未在其他大滿貫賽事打進四強。納達爾窮盡努力不屬於這個俱樂部。

「過去15年來，他成功進化他的球技，成為能打各種場地的全能網球選手，而這也讓他成為獨特的球員，」法國選手柯內解釋道：「他保有他的招牌正拍上旋球，擊球效果很大，揮拍猛烈，但他的打法進化了，在硬地和草地都打得一樣好。這些年來，他變得更全面⋯⋯這再次證明他背後的努力、進步和突破極限的渴望。世

> **過去 15 年來，
> 他成功進化他的球技，
> 成爲能打各種場地的
> 全能網球選手，
> 而這也讓他成爲
> 獨特的球員。**

人將他歸類為只擅打紅土的球員，25歲就會結束職業生涯，因為他會筋疲力盡，而如今他已三十六歲了，並且在所有場地都取得勝利。這真的太棒了。」

納達爾在紅土以外的場地也贏得很多重大賽事。如果只算2008至2022年間的大滿貫賽事，16場決賽中，他贏了八場。這比兩位傳奇人物韋蘭德或馬克安諾獲得的大滿貫數還多一個，比德國的鮑里斯·貝克（Boris Becker）或瑞典的艾柏格這兩位總能喚起老球迷諸多美好回憶的球員還多兩個。

對於維諾格拉斯基來說，「職業生涯初期的納達爾與今天的納達爾沒有什麼關係。他還很小的時候，我看他在一些他一點也不舒服的場地練球。早年，他到處跑來跑去，擊球很有力，極難壓制。他的球技更加全面。這是不斷追求進步的偉大冠軍的標誌。事實上，他明白繼續成為最優秀球員的必要性，但這也是深切的渴望。變得更好，不僅僅是跑到不能再跑或每天發揮出最好的自己，更是在技術上、戰術上持續進步，而他心中也滿懷這個前進的欲望。」

溫布頓之夢

　　這可能會讓人感到訝異，但是納達爾的夢想是贏得溫布頓冠軍，這項賽事在2008年之前只有一位西班牙選手馬諾拉・桑塔納（Manolo Santana）贏過溫網冠軍。

　　但這種想法，就像他不喜歡草地球場一樣，並沒有動搖納達爾的企圖心。他的適應能力與永不滿足精神，讓他很快就成為倫敦草地球場令人畏懼的選手，拉法的地位也歸功於2000年代初期這個場地的速度減緩。

　　「如果是1990年代，他會不太自在：球不彈跳，而且比賽進行得很快。現在球的彈跳高很多。這都沒關係。這對他有幫助，讓他有更多時間自我調整，可以在底線抽他強勢的正拍。」前球員弗羅杭・謝哈明確指出。

　　這個因素並沒有讓拉法的表現失色。

　　「他在草地上獲勝真是太瘋狂了，但他勢必要贏得所有場地，」愛蜜莉・羅伊理所當然地強調，「我覺得他在這個場地尋求自我突破，一如費德勒在紅土上一樣。他問自己很多問題：我是否保持相同的幅度？我的準備動作是否縮短了？我要怎麼做才能得分？我要一直上網嗎，即使這不是我的強項？我是否要試著早一點擊球，並且打得更具侵略性，尤其是在前幾拍？當然，還有各式各樣的調整要做。這就像在準備一級方程式賽車一樣，極為精細，因為他面對的是非常出色的草地球場專家。」

　　納達爾顯然找到了回答他許多問題的答案。24歲的納達爾已經舉起兩次溫網冠軍獎盃，與1992年阿格西舉起第一座大滿貫金盃時

一樣令人驚嘆。別忘了還有2006年、2007年、2011年的另外三場決賽。我們知道有些人仍在嘗試理解。

「對他來說，在羅蘭卡洛比在溫布頓容易贏球。他沒什麼問題要問自己，他制定了相當重複的戰略，因為這個策略運作得非常好，」1991至1997年間參加過五次溫網的荷道夫‧吉爾貝向我們解釋：「他懂得為自己的打法做一些修正，才能為自己提供贏得溫網的機會。只要看看他回球的姿勢就知道那是經過深思熟慮的。就跟他在紅土球場回球很遠一樣，在草地上，如果他也這樣做，他知道這會很複雜。他能夠適應。他設法在靠近底線處擊球，雙腿放得更低，在比賽中尋求放鬆，並且比在紅土球場上多冒點險。」

根據一些人的說法，拉法甚至從草地大師費德勒那裡得到啟發，費德勒在2003至2017年間在溫網拿過八次冠軍，好繼續在草地保持競爭力。當然也不能忘記納達爾在溫布頓經歷過幾次過早出局，他曾經輸給達斯汀‧布朗（Dustin Brown）、盧卡斯‧羅索與尼克‧基里奧斯，也曾在2018、2019及2022年三次打進四強。

「最引人注目的是，是和費德勒拉近差距，」尚皮翁解釋：「羅傑擊球比以前更快，半截擊，不讓你喘息。但納達爾也用自己的球風，做一模一樣的事。在草地上，他緊貼著球跑。當球彈起，他就已經到位了。揮第一拍之後，他會向前移動，然後在另一球到之前擊球，並且一直主導戰局。事實上，他也在紅土球場再進化，然後運用到草地上。假如你開始跟他來回，你幾乎沒有贏的機會。」

此外，我們也不能將納達爾在草地上的成功和他出色的手法分開。

「的確，我們常常聽到有人說：啊！費德勒，他網球打得好厲害，球風細膩優雅……他打得確實比納達爾漂亮多了。但納達爾的

納達爾首先追求
超越自己。
因此首要目標是進步，
然後用新武器去戰鬥。

控球手感非常出色。當你看他放小球時，會發現這需要難以置信的手。」羅伊強調。

「被低估的截擊高手」

與那些已在溫網留下印記的球員如艾柏格、貝克、山普拉斯、費德勒相反，納達爾並不是我們所說的天生攻擊型球員。可是所有觀察家都一致認為：這些年來，納達爾已成為一流的截擊高手。

「他的網前技術非常純熟：每次截擊都很乾淨俐落，很精準，觸球觸得剛剛好。」迪·巴斯卡勒說道。

2008年打進溫網八強的亞諾·克雷蒙努力重建真相：「他一直是被低估的截擊高手。的確，他不常上網，但每當他需要在重要得分時刻上前，他總是會上網。通常這些截擊的位置和落點都很好，而且控制得宜。如果雙打時截擊一直很穩定，這可不是件小事。他知道什麼時候必須上網，什麼時候還可以等……他的高吊球非常準。很少看到他在那邊被抓到。」

2013年在他們唯一一場溫網交手中勝出的比利時選手達西斯，非常清楚納達爾在這方面的打法進步有多大。

「人們沒有意識到其實他們從來沒看過納達爾的截擊失手。從來沒有。他可能擁有巡迴賽最出色的截擊之一。如果你仔細觀察，會發現他並沒有做出多麼神奇的截擊，他來到網前就是為了結束這一分，但他沒有失手。他在上網方面的打法進步非常多。」

納達爾的截擊很厲害，而且比以前更常上網。數字會說話：

2016至2022年間，他的截擊得分占總得分的16%，而2010至2015年間則是8%[6]。2019年，美網決賽對戰梅德韋傑夫時，整場比賽他冒險上網66次（成功率77%），發球上網20次，17次拿到分數。這個進化可不是微不足道：如果這個進化肯定了拉法截擊的品質，那麼也說明了他想要打得更積極，渴望縮短來回時間。

更常上網的打法

　　請把拉法在職業生涯初期，無止盡的來回，把對手的體力耗到最後一口氣來贏球的形象，從你的腦海中抹去。男子職業巡迴賽這些年來已大幅演進，納達爾如今必須面對更強勢且力氣更大的運動員。

　　以世界前幾名的好手小茲維列夫、艾卡拉茲或魯布列夫為例，他們都是出色的網球選手，也是天生就很有力，每次擊球都能釋放出巨大的力量。

　　「他的一大優勢，就是適應當前網球的速度，」桑切斯解釋：「事實上，他的對手讓他越來越難打，促使他做出這些改變。」

　　「打球一向都離網很遠的他，發展出這個向前擊球的能力，」前世界第一海寧分析道：「這是他進步非常多的領域，這意味他不只靠力量打球，也用智慧來保護自己，延長職業生涯，否則會容易受傷。目的並不總是保持在底線後四公尺處，就像他職業生涯初期在紅土球場的位置那樣。對我來說，要更具侵略性，就要更常上

6　作者註：根據統計學家暨數據專家法布里斯‧司巴羅所做的統計。

網，但又不僅僅如此。還要能夠改變打法、放小球或完全改變對打的節奏。多年來，這個進化讓我們在分析納達爾時不能只聚焦在一件事情上，而是對他的球技打法有全視角的看法。」

變得更具侵略性其實也是由無情的因素所決定：歲月流逝，傷痕累累的納達爾再也無法承受在四、五小時的比賽中無休止的來回對打。

「他的職業生涯受了很多傷，尤其是膝蓋。有些時期大家都說他在球場上的跑動有點退步，但他用比當時更早接到球的方式來彌補，」羅伊指出：「他打正拍時球旋轉得很厲害，但他能讓球減少旋轉，讓球的速度更快。」

更穩定的發球

納達爾始終著眼在縮短來回及節省體力，很有興趣為自己提升發球的質量。拉法已有很大進展：還記得他年輕時期的一些比賽吧。這些比賽和羅迪克或費德勒都不在同個水平。普塔分享了關於這個主題的有趣軼事，他說有如光年之遙。

「有一次用餐時，托尼·納達爾說：拉法持續努力練他的發球，他是唯一認為自己可以改善發球的人！托尼回憶道。他雖然是開玩笑的語氣，但也有幾分道理。他練習發球，因為他知道他必須這麼做。」

亞諾·克雷蒙向我們分析納達爾還可以改善的發球。「要得分，不會只賭在一拍上。他大部分的時間都把球打到對手的反拍

上，讓自己以正拍接球。最近這幾年，他試圖多打一些Ace球或發球得分。他更加強調他的二發。總的來說，他的打法上多了更多變化，只是為了讓他的對手更難以預測而已。」

他在這方面的進步從2010年的美國公開賽以來就非常明顯。自知在硬地球場上的不足，也知道這個場地的嚴苛要求，西班牙選手決定進行一些調整：他改變了球拍的握法。結果頗為成功：他的力量更盛，達到時速…217km/h的紀錄。他拿下冠軍，在決賽之前只失掉二次發球局。這在前幾年是不可想像的。2010–2015這段期間，馬約卡球員打出更多Ace球：他的一發是28.7%，而2005至2009年之間是25.8%[7]。

「我發現他在發球區的變化方面進步很多，不一定要發得很用力，但非常精準，」卡蜜兒・潘說得很仔細：「這個改進讓他得分簡單很多。他把他的進化套用到他的打法上：這些套用效果不錯，而且變化很多。他的發球非常有效率。」

2019年，納達爾決定在他的手勢上做一些新的修正，讓他在執行網球這個非常特殊的拍法上走得更遠。西班牙人放輕他的動作，腿彎得比較少，並且更常到網前。改變正在產生效果，他健康地走到澳網決賽就是個例子（連贏六場，一盤未失）。當年，只有四個世界Top100的球員拿下發球的機率比納達爾高：伊斯納、米洛斯・羅尼克（Milos Raonic）、費德勒及瑞利・奧裴卡（Reilly Opelka），這是這方面的參考資料。

儘管打法上有著這些顯著的改善，但是發球並沒有變成納達爾的強項。「這方面依舊缺乏穩定，」台維斯盃法國隊隊長塞巴斯蒂安・格羅讓說道：「2021年，馬德里大師賽，對戰茲維列夫時，他

---

7 作者註：根據統計學家兼數據專家法布里斯・司巴羅所做的統計。

的發球質量很一般〔八強賽西班牙人以6-4、6-4輸給德國人〕，而其實在該賽事之前的幾個月，他的發球一直都發得很好。」

不可否認納達爾的發球效率是不穩定的。更多的能力意謂著承擔更多的風險。2016至2022年之間，他的二發有8.9%以雙發失誤做收。這個數字在2010–2015年這段時間是5%[8]。

更令人驚奇的反拍

我們常聽說納達爾這幾年來擁有兩個正拍：一個是我們之前已經頗多描述的正拍，另一個是反拍。

愛蜜莉・羅伊傾向於肯定這個很多網球選手應該都有的想像。她覺得「我自己超愛他的反拍，無論是在何種場地。我覺得他這五或六年來的反拍簡直絕了。他的對手根本看不出來：你在訓練中看到它，你不知道他是要打斜線還是要打直線。具體來說，他反拍打得就像正拍一樣。現在，正反拍都超穩的。」

納達爾反拍的進化有點跟他的發球一樣。一開始是正確的揮拍，但其進步幅度似乎很明顯。馬約卡球員再一次知道該做一些修正，讓這方面的更紮實。

「他職業生涯剛開始的時候，他會在底線後面接下降的球，而且每次都在找弧線飛行軌跡，」卡蜜兒・潘說得很詳細：「隨著職業生涯的發展，他改變了接球的時刻：他靠近底線，提早很多接球。如今，他有這個用反拍打高吊球的能力，之前他是沒有辦法

---

8 作者註：根據統計學家兼數據專家法布里斯・司巴羅所做的統計。

的。因為這個原因，他打出更多反拍致勝球：上旋球比較少了，然後更早接球，這讓他可以反拍打出更貼近一點的直線行進。然而，反拍並沒有變成他的主要武器，他的打法始終繞著他的正拍展開。」

值得注意的是，與2010至2015年間相比，2016至2022年間，納達爾達成了多25%的反拍得分（致勝球和受迫性失誤）。但表面上有時會欺騙人：2005至2009年間，拉法在反拍的得分與近年來一樣多[9]。

「他不僅能用反拍防守，還可以反擊，甚至切斷飛行軌跡，結束來回，」還是一名球員時也是單手反拍愛好者的提埃里·尚皮翁解釋：「揮拍早一點，他在場上可以多一點空間，他可以很用力地打到斜對角或直線行進。這是他開始職業時不打的球。」

幾年之間，西班牙球員的對手所採取的戰術並沒有什麼創新：就是要破壞拉法的反拍，讓他跑出場外，好給自己一些空間應付他的正拍。猜猜接下來會怎麼樣？他回給對手更可怕的反拍。

「當你攻擊他的反拍時，他可以在第一時間做出反擊，因為他幾乎是放開支撐點在打：沒有將他的左腿往前，而是用他的右腿當作支撐腿，讓他更穩定，擊球更強勁。這讓他不會浪費時間，並且快速朝球場中央移動。」提埃里·尚皮翁說明訣竅。

我覺得他
這五或六年來的
反拍簡直絕了。
他的對手
根本看不出來。

---

9 作者註：根據統計學家兼數據專家法布里斯，司巴羅所做的統計。

「如果我們好好看，費德勒輸掉四次法網決賽，因為他一直在攻擊拉法的反拍！2017年澳網決賽時，瑞士人比較攻擊他的正拍，然後他就贏了比賽。」桑切斯提醒道。

納達爾會打兩種反拍：雙手擊球或削球。這個反拍是「他從未感受過的一拍，」2014年巴賽爾（Bâle）男網賽輸給拉法的法國選手皮耶－雨各・埃赫貝（Pierre-HuguesHerbert）肯定道：「這是讓他可以在他的打法中做出變化的一拍。我們都沒有意識到，因為當我們想到納達爾的打法時，我們首先都會想到他的正拍和他擊球的力道。但這是忘了他明顯改善了他的反拍。我相信在他的職業生涯剛開始的時候這一拍並沒有這麼出色。」

如今，這個知名的反拍削球成了馬約卡球員經常使用的一拍。他把它融入他的打法中，這相對於他的職業生涯之初是個很大的進化。只消看他2022年對戰梅德韋傑夫的澳網決賽第一部分，就可以意識到他加在他的弓上的這條新弦。

亞諾・迪・巴斯卡勒解釋：「當你擁有和他一樣強勁的反拍，你還必須打斷節奏，才能打出高一點點的球。假如你練出極佳的削球，你就能強迫你的對手把球提高，讓球很高地飛過球網。這又讓納達爾可以打到有點過高的球，又假如球是在髖部和肩膀之間讓他接到的話，那就慘了。」

戰術智慧

拉法隨著年紀的增長，還發展出這個戰術智慧；網球技術的純

他應該是打法
進化最多的球員。
可以說納達爾
是在整個職業生涯中
進步最多的選手。

熟促使冠軍去檢視他的某些層面的打法，有時甚至在一次交手期間就出現這種情況。

「當你在一場比賽期間受創，你就會常常回到你最擅長的事情上，」亞諾·迪·巴斯卡勒說道：「拉法沒有這種思維模式。他的智慧是出類拔萃的。他不是那類以為通往勝利就只有一條路的球員。他知道在某些時刻他會撞上阻礙他通過的南牆，因此必須從上面爬過或繞道而行，找出解決的辦法。所有這些都讓他手上有更多的牌回應他的所有對手。他發展出一些回應與應付的方式。簡直瘋了。他用這些對付很多還拘泥於自己的習慣，以為這樣就夠了的球員。但這是永遠都不夠的。」

2017年美國公開賽四強，面對戴波特羅，就是一個很明顯的例子。第一盤6-2落後，伊比利網球員開始改變戰術。他放棄原來要打對手反拍的策略。第二盤開始，馬約卡選手開始大量打阿根廷選手的正拍，這大大擾亂了後者的打法。由於變得更無法預判，迫使戴波特羅在移動中打更多的反拍，拉法改變了戰局。並在堪比棋手的戰術調整後以四盤獲勝。

2022年澳網決賽中逆轉梅德韋傑夫的方法也是一個奇妙的質疑的結果，一個比該賽事的二屆冠軍在此參加一場歷史性的比賽更加引人矚目的思考。

「我們看到他很難在底線制定他的戰術。他的侵略性不夠，受到反擊。他的發球也不好，」弗洛航·謝哈分析：「在輸掉前二盤之後，他試著更積極一點。他更常來到網前，開始一連串更短的抽打，同時從第二拍開始就讓對手很難打，在此之前他從沒做到這個。他的打法加快了，因此他的步法也更快了。他越來越靠近底線，因此留給梅德韋傑夫的時間更少。比賽就是這樣翻盤了。」

「進步最多的球員」

　　馬約卡冠軍所做的這些各式各樣的改變,讓他成為網球史上最全面的球員之一。

　　「如果你攻擊他的反拍,他會反擊。假如你引誘他上網,他就用假動作揮拍。假如你留給他空間,他可以打出穿越球。假如你在球網附近,他就給你高吊……」別說了,桑切斯!你會讓他未來的對手心灰意冷呀。

　　因此依照亞諾·迪·巴斯卡勒的說法,拉法比「費德勒與喬科維奇更令人印象深刻。我們都沒有預料到他可以做到跟他的兩個對手一樣。他應該是打法進化最多的球員。可以說納達爾是在整個職業生涯中進步最多的球員。」

　　西班牙人完成了絕招:由於不斷修正他的網球角度,隨機應變所有無法想像的情況,如今的他給對手帶來滿滿的麻煩。

　　「我年紀越大,越能從看他打球中得到樂趣,」馬茨·韋蘭德在拉法拿下第十四座法網金盃的隔天說道:「我們看到他比23或24歲時更有信心去做變化。我覺得他的網球比費德勒或喬科維奇的網球更有趣。現在,他創造了不確定性:他下一拍會怎麼做?這就好像在看巔峰時的費德勒。我再也不想評論他的比賽了,我就只想看他打球。」

RAFAEL
NADA

10

與眾不同的
球星

世人總習慣說明星遙不可及、高不可攀，說他們生活在另一個世界，他們對於其他人的興趣則很隨意。在大多數人看來，納達爾是非典型冠軍，對我們這些老百姓一點也不會拒人於千里之外。

「這小夥子超棒的。他小時候，我經常看到他在打電動。納達爾是網球運動的怪物，他贏得14座法網冠軍，但他也是我遇到最正常的男人。這個差距是很驚人的。」2010年退役的前職業選手卡蜜兒‧潘說道。

費德勒的前體能教練多羅辰科曾多次遇到納達爾及其團隊。他說「很自然的人，他就是他本來的樣子。他不會做太多努力去交流，去適應情勢。人們喜歡他或不喜歡他，他就是很自然的人。這男孩出身島嶼，而大多數來自島嶼的人都很腳踏實地。他們是體貼、謹慎的人。我無法想像他會把錢丟出窗外，他似乎把團隊管理得很好……他也是很性格的男孩。當他捍衛自己的想法時，他也會生氣！但他很健康。」

「他也承襲自幾位西班牙球員，如莫亞、科雷查或費雷羅。」2001到2015年間經常和拉法在巡迴賽遭遇的謝哈指出。

平易近人

愛蜜莉‧羅伊在球員生涯，以及後來擔任不同媒體顧問期間，

有機會和納達爾見過幾次。
回憶迅速湧現。

「當他看到你時，他會跟你問好，有時還來個貼面禮，而那時我們並不熟。這是他頗引人注目的一面。有那麼幾次我幫一些喜歡他的人向他索取照片，他都微笑著拿給我。我最愛他的一點，就是他的專業、友善。我們都覺得他本質善良，而且喜歡人群。我沒有感受到為了取悅大眾而捏造的形象。2019年巴黎大師賽，他把Ici c'est Paris（巴黎聖日耳曼足球俱樂部的標語）放到社群網路上，這並不像是行銷或傳播。我覺得他之所以這麼做，是因為這樣做讓他開心，就這麼簡單。」

《隊報》記者荷布雷有機會和納達爾及其團隊建立一種特殊關係。這對報導網球新聞已有幾十年歷史的運動日報來說再正常不過，他們在納達爾團隊裡享有正面形象。「這讓我們對這一年來的工作有種專業的尊重。」荷布雷解釋。

2003年11月的一個星期六，他去和這位當時還只是有前途的年輕納達爾碰面。他度過了讓拉法所有球迷都嫉妒的一天：在欣賞完他在馬約卡島帕爾瑪的訓練之後，受邀去他家，和這位未來球星一起觀看2004年歐冠盃足球賽資格賽西班牙隊和挪威隊的比賽。在這次會面期間，納達爾獨自吃完一整盒巧克力。無比放鬆。「擁有這第一次接觸是一種榮幸。因為有機會在《隊報》報導網球，並且透過多次出差，讓這個關係維繫了18年。幾乎每年在某個特定時刻都會採訪拉法。」

這些定期的交流讓人看到成功、認可與名聲對他並沒有什麼影響。

他是我遇過最正常的人。

「在他身上對人的尊重是一種根深蒂固的觀念，」荷布雷強調：「我們在這種環境常常看到人會根據他們說話對象是重要的人還是球僮而有不同的說話方式。而他身上則有某種普世的東西。他向人問好的方式跟20年前一樣，不論對方是誰和他們做什麼的。」

記者弗雷德里克·維亞（Frédéric Viard）在電視上報導網球運動近30年。他和納達爾一點都不熟，但對這位西班牙球星做過幾次採訪已足以打破藩籬：「2019年，有一天在溫布頓，我看到納達爾走回更衣室，獨自一人。我在記者入口處前，距離他五公尺。我看到他經過，向他打招呼：Hola（你好）拉法！他很親切地回應，轉過頭來，然後意識到是我。他就問我還好嗎，我回答他：Muy bien（很好）！我的回答讓他笑了起來，然後靜靜地走開。看到他知道我是誰，還知道我也是網球家族的一份子，真是受寵若驚。坦白說，我覺得他點頭致意然後繼續走他的路很正常。但他看起來就是天生的好人。」

顯然，納達爾令人驚訝的不只在網球場上。

「有一年在印地安泉大師賽，當時他已經是世界頂尖好手，他在團隊四人陪同下來到主辦單位安排的餐廳，」荷布雷回憶道：「只有四張椅子。毫不遲疑，是他穿過餐廳去找第五張椅子。有許多實力比他差的球員不會為了別人去做這樣的努力。這是看似微不足道的例子，但也充分說明他是怎樣的人。」

「他的第二任教練洛伊跟我說有這樣的球員真是太不可思議了，」前球員吉爾貝講述：「他跟我說納達爾差點為了請他帶他的球拍去穿線而向他道歉。這傢伙沒有把和他一起工作的人當作是他的球袋搬運工。」

運動評論員弗雷德里克·維迪耶講述另一個令人驚訝的場景。2012年，納達爾在澳網決賽失利後幾個小時，維迪耶在墨爾本機場

納達爾寫下
這項運動的歷史，
卻沒有因為這個高於
一般人的地位而沖昏頭。

看見他。「就像所有球員一樣，他無法託運他巨大的球袋，因此一直把它帶在身邊。就算他父親塞巴斯蒂安、伯父托尼和叔叔米格爾・安赫都陪著他也沒用，球袋還是他自己揹，而他才剛剛打完一場近六小時的比賽。絲毫沒有得到幫助！這說明了他的人格特質。」

巴黎王子

在羅蘭卡洛，除了他收穫令人印象深刻的火槍手盃外，這裡的主人也留下不可磨滅的記憶。當他親吻法國網球協會的工作人員時，也不忘向一些男女選手打招呼。還有一些和許多人分享的歡樂場景。「看到他在拿下比賽冠軍後向球僮、安全人員、賽事後勤人員、以及愛蜜莉・羅伊口中的幕後人員致謝的場景，總是那麼美妙。他大可以對自己說：**我贏了，我凌駕在所有人之上，你們能在這裡以及賽事可以存在，都是多虧了我**。他大可以在這種妄想中離開球場……當他每年在羅蘭卡洛收到生日蛋糕，這對於網球員來說可能是痛苦的事，但我們感覺他都很友善地收下。他已經寫下賽事的一部分歷史，而我們看到這讓他很開心。」

因此，他是如此單純又真實，但又不僅只於此。就像2016年5月29日，他因為在記者會上宣布退賽而心情沮喪，離開前忘了向大家致謝，意識到之後就又下車去修正自己的反常行為。主辦單位的工作人員當時都流下眼淚，反倒是納達爾自己安慰了他們。

1990至2010年間，加斯頓・克魯普（Gaston Cloupe）在法國網

球協會負責球場維護。當他想到納達爾，腦海裡只出現美好回憶。「有一天，有位同事打電話給我，跟我說有個身障女孩很想來羅蘭卡洛。我跟他說我會問清楚，」他說道：「然後我看到有位負責人對我說：**加斯頓，我們一起工作20年了，你從來沒要求我什麼，所以我們要邀請這個年輕女孩來玩兩天。**一天早上女孩來了，她在開門前一小時就到了！我去接她，她告訴我她很想見到納達爾⋯⋯**我跟她說：妳很幸運！他正在蘇珊・朗格倫（Suzanne Lenglen）球場練球。**我陪她和她父親到納達爾的訓練場地。她待在場上，我看著她，明白她為了經歷這段特殊時刻而走了幾公里來到這裡。於是我決定去問托尼・納達爾，可否請拉法為她簽名或致個意。他回說拉法很樂意這麼做。訓練結束時，我看到納達爾揹起他的東西離開，我心想他忘了來看女孩。突然間，他放下球袋，然後走向她。他擁著她靠向他的肩，詢問她的名字並為她簽名。他還低下身好讓她的父親能拍照。我看到這女孩的雙眼都亮了。每當我回想起這一幕，仍然會起雞皮疙瘩。納達爾知道他給了她一段特殊時刻。有些人可能幾秒鐘就拍完照，而他著實花了些時間。這是令我印象深刻的舉動，因為我看到這個年輕女孩眼眶泛淚。」

前台維斯盃法國隊長羅德也分享了這個發生在羅蘭卡洛走廊的美麗故事：「他在更衣室沒看到平常都待在那裡的dame pipi（洗手間管理員），便問主辦單位她在哪裡。他們跟他說她去動手術，目前在住院。納達爾詢問她的狀況，他們回答他她很好。之後，他低調打聽，得知她住哪家醫院，當晚比賽完，他帶了一束花去探視她，沒告訴任何人。他與一些小人物都有著這種特殊的關係。當你聽到這個時，真的沒什麼好補充的了。」沒有，確實如此。

巡迴賽的不協調畫面

納達爾的單純和可親近，讓他在網球世界顯得格外突出。

「費德勒、納達爾及喬科維奇都有各自的基金會，這顯然很棒，但是不如那些不為人所見的球技來得引人注目，」朱立安・荷布雷說道：「費德勒真的是很酷的人，但是我認為他在比賽的官方場合很難表現得自然。跟費德勒一樣，納達爾寫下這項運動的歷史，卻沒有因為這個高於一般人的地位而沖昏頭。儘管媒體的邀訪多了十倍，儘管獲得的獎項越來越多，他身上始終保持著這種單純。」

前網球教練法柏荷補充道：「費德勒和小威廉絲在他們周圍營造出一種神話氛圍，你無法靠近他們，你只能在球場上看到他們，某種程度造就了他們的明星化。他們也很精於此道，而我覺得這跟個人心理有關。至於納達爾，你可以在任何地方見到他，他容易接近多了。」

當我們對納達爾的個性更感興趣，就會了解他喜歡所有的人際關係。

這幾年全球陷入Covid-19的健康危機，納達爾接受西班牙日報《馬卡報》（*Marca*）採訪，展露他個性不為人知的一面：「我最想念的，是和人接觸，比起打網球，我更想念這個。我覺得我把問題內在化了，而因為我看不到快速的解決辦法，我沒有心情比賽。目前，我的願望是見見家人和朋友。聚會，出海，游泳，感受自由。可以抱抱人。我很重感情，而我們要再相聚會有問題。我們要回到之前的生活，如果我們找到解決辦法，勢必得遵循這樣的生活。我

無法想像一個我不能擁抱人的世界，都是我好幾個月沒見巡迴賽裡的人。」拉法，心地好又有見地。

正如巴許羅所強調的：「他有趣又矛盾的地方，就是他有堅強的性格與非凡的決心，同時他又擁有很人性化的心態。每場比賽結束時，還滿引人注目的：當他回到球場，他是大家都認識的球員，而當賽末點一結束，他就變回正常人，帶著他特有的親切與善良。」

這種對他人的尊重和興趣，也轉化為他對對手無可指責的態度，然而這些對手往往是他的手下敗將。

法國前網球員保羅－亨力・馬帝厄（Paul-Henri Mathieu）自1999至2017年的職業生涯期間，和納達爾對戰過十次，因此經常在賽事的走道上遇見他。「他的戰績與名聲是如此顯赫，但他在更衣室對待人沒有差別待遇，」外號PHM的馬帝厄說道：「不論是世界排名第十或兩百，納達爾每天都一樣有禮貌。他會向所有人打招呼，而且一點也不會表現出他跟人家不一樣。」

2013年溫網意外擊敗納達爾的達西斯還記得納達爾的優雅：「我打敗他的那天，他沒有替自己找藉口，」這位前比利時球員說道：「他跟我說我打了一場很棒的比賽，儘管我知道他沒有發揮百分之百的實力。他對我的態度很好，還跟我說我打得很好，說我值得這場勝利，有時就會很開心聽到這個。一般來說，他說話不會比別人大聲，他也從不詆毀他人。他從不會說哪個球員不好，就算他比那人更勝一籌。」

如果他的謙遜作風得到大家一致認可，那麼他努力保持低調更讓這份認同加倍。

「他不是害羞，他是保守，」荷布雷告訴我們：「即使我覺得他和朋友在馬納科過得有點肆無忌憚！有一天，我們去他的城

市找他，他開著一部很漂亮的車過來，是輛非常優雅的灰色Aston Martin。我們的攝影師於是開始為我們的報導拍照，然後納達爾走過來，看到我們就說：**大夥好呀！很高興見到你們。但有件事……可不可以麻煩你們不要把我坐在車裡或剛剛下車的照片流出去？在馬約卡島有許多人連生計都難以維持。是的，沒錯，我擁有這輛車，我也開它，但這不是我想人看到太多的那面形象。**他說話謙遜有禮。同樣的，他也不太喜歡人們看到他坐在幾年前買的遊艇上。納達爾顯然不是生活在他的收入線以下，並且享受他能享受的，但他非常小心不要流出扭曲的形象。」

⊘ 致敬與讚賞

事實是，納達爾如今已受到舉世球迷愛戴。然而這並非已成定局。在法國，他長期以來所傳達的形象，那個睥睨對手的超強巨人形象，並不是所有人都認同。此外，納達爾長久以來都被與球迷心中無敵的費德勒比較。但就像在生活中一樣，有時需要時間才能更好地了解人。

維亞欣然承認自己對他的看法是錯的。「當時納達爾打巡迴賽，我看見他的傲慢。我錯了。我意識到我以為的傲慢，其實是謙虛。2008年法網決賽，納達爾以6-1、6-3、6-0一面倒獲勝，有位記者採訪托尼‧納達爾。我們覺得托尼很為拉法高興，卻也為費德勒遭到痛宰而感到非常尷尬。這一刻，我覺得這個西班牙團隊真是不平凡……你感覺得到很多尊重。他們很開心能夠打敗費德勒，但也

非常尊敬他這位偉大選手。這場比賽後，我對於納達爾及其團隊有了完全不同的看法。」

前法國裁判巴斯卡·馬利亞很幸運，在納達爾早期的法網、溫網與澳網三場大滿貫勝利比賽擔任主審。2017年拉法得到第十座法網大滿貫的比賽，也是他擔任主審。「在法國，人們傾向偏愛來到這裡並打破階級制度的年輕人。像納達爾那樣在羅蘭卡洛贏太多的人會讓我們覺得不舒服。實際上，我們喜歡改變，但是必須承認如今他很受人喜愛、欣賞，而且所有功勞都屬於他。你一定會被他的個性，為他的各種成就與他偉大的人格特質所感動……我有幸見證了他的崛起，這一切是那麼不可思議。」

法國前網球員柯內十分欣賞拉法，並沒有找到有關西班牙蠻牛的負面評價。她認為：「我們從來沒見過他這樣的球員，為人謙遜又如此有魅力。通常謙虛的球員往往有點內向，但他在球場上就有這種鬥牛士的態度，有種瘋狂的魅力，卻又不會太過。這就是他不可思議的地方：擁有與眾不同的個性。多年來，他展現的奮戰精神、行為及韌性，成功擄獲廣大球迷的心。」

只要看看2022年澳網決賽的觀眾態度，就可以了解歲月流逝越久，拉法獲得的支持就越多。他在墨爾本的對手梅德韋傑夫還記得：他的雙發失誤被狂熱的人群熱烈鼓掌。

「為什麼納達爾比喬科維奇更受到喜愛？有些時候，全世界的球迷都覺得納達爾比喬科維奇更真。喬科維奇想受到喜愛，但他沒有。納達爾不一定想被喜愛，但他確實有。」羅德坦言。

🎾 「你只是個網球員！」

　　當攝影機聚焦在你身上一整年，你如何還能表現出這股單純？當那麼多冠軍加身，該如何保持不變？「這是他的功課。」羅伊嘆道。在納達爾的家族，明星化這個概念確實是非常模糊的觀念。

　　「納達爾在2005年贏得他的第一座法網大滿貫後，和經紀人卡洛斯·科斯塔（Carlos Costa）和伯父托尼到香樹大道散步，」維迪耶說道：「托尼發現拉法走在中間，突然間他停了下來，大聲說：**停下來！我們換一下，卡洛斯，你走中間，拉法，你走右邊。我不希望路上認出你或跟你擦肩而過的人以為我們是你的保鏢，以為你多重要，需要受到保護。你只是個打球的網球員！**納達爾同意了，然後走到他經紀人的右邊……」

　　有個好笑的場景，值得提一下。

　　「他伯父和父親從來都不把他當作天才，」記者說道：「我相信他們從來沒稱讚他，說他是家裡最特殊的人。在網壇或足球界，看到青少年運動崛起背後的經濟吸引力時，有很多家庭的運作方式是不一樣的。這就是這個家庭發生反轉的地方：16歲的年輕男孩變成家族領袖，因為他從遠方賺到更多的錢，而他也意識到親人看他的眼光也變了。我認為在納達爾家裡，拉法的父親賽巴斯提安或托尼伯父應該都沒問過拉法關於換壁紙的看法！在這個家裡沒有權威被推翻的事。」

　　「托尼·納達爾的信條，有一點是：**必須腳踏實地，**」多年來和托尼始終保持良好關係的瑞士記者伊莎貝·穆西（Isabelle Musi）解釋：「他是非常熱情的人，一直說他跟別人沒兩樣。他旅遊也會

搭經濟艙。他沒有接受納達爾的報酬不是沒有道理的，因為他不希望這件事影響他們的關係。一方面，他的要求很高。」

在納達爾的傳記《拉法》，前教練肯定說道：「擁有一切的人卻粗魯對待別人，這是不可接受的。不，你的地位越高，就應該越尊重他人。我總是說，他的父母也這麼說：成為好人比成為好的網球員更重要。」

托尼應該很自豪。2019年，納達爾榮獲表彰最佳運動精神球員的「艾柏格運動精神獎」（Stefan Edberg Sportsmanship Award），提到他顯然將周遭親近的人灌輸給他的價值觀融合在一起。

「贏得比賽和冠軍當然意義重大，但就像我在職業生涯常說的，當記者問我希望人們如何記得我，我希望人們記得我是個好人，勝於我是好的網球員，」拉法表示：「在我整個網球職業生涯，我都在努力練習控制自己，隨時保持良好的態度，始終奮戰到底，並且尊重每位對手。」

根據紀錄，納達爾已榮獲五次這個獎項。這是一種肯定：納達爾從來沒有把自己當成什麼人，他受的教育讓他總是全神貫注傾聽周圍人的意見。而在尋求進步之路時，這絕非一件壞事。

「我記得我們第一次討論，當時我是台維斯盃西班牙隊長，他剛贏得他的第一座法網大滿貫，」2006至2008年擔任西班牙隊長的桑切斯講述：「我跟他說：**我說了很多，我在這裡不是要給你喝酒，我是要幫助你。他回答我：有時我會生氣，我會害怕，有時我很難理解發生了什麼事。如果你跟我說一些事，你可以確信我會好好執行它。他是我職業生涯遇過最容易引導的球員。**他有他對網球的願景，但假如你讓他稍微打開眼睛，他就會很有興趣地聽你說。這就是為什麼他跟看台上的團隊成員保持這麼緊密的連結：他總是需要支持，並確認他有執行計畫中的打法。」

當時納達爾打巡迴賽，

我看見他的傲慢。

我錯了。

我意識到我以爲的傲慢，

其實是謙虛。

2017年，當托尼決定卸下教練職，納達爾轉向與前世界第一莫亞合作。這個選擇可能令人驚訝，但其中的連結顯而易見：兩人都來自馬約卡島，而且建立了超越運動的關係。

　　「端看他的戰績，納達爾大可以說自己已拿過那麼多次大滿貫，他不需要這位球員時期只獲得一次大滿貫的教練。而這就是我欣賞他的地方：他就是屬於那種孜孜不倦於尋求更高成績的冠軍，」鐵粉羅伊崇拜地說道：「我非常相信技術教練和前冠軍教練的組合。這也體現了納達爾謙虛又勤勉的個性。」

越成功，越謙遜

　　維迪耶深信他的謙遜讓他得以在整個職業生涯保持競爭力。「2014年杜哈網賽，納達爾在前三輪輕鬆過關〔成功擊敗捷克的羅索、德國的托比亞斯・卡姆克（Tobias Kamke）及拉脫維亞的厄尼斯・古比斯（Ernest Gulbis）〕。贏得八強賽後，他在場上接受採訪，主持人問到他的下一個對手，德國的彼得・高約夫茨克（Peter Gojowczyk），當時世界排名還在百名以外非常不穩定的球員。」

　　「跟往常一樣，拉法回答地非常適切：**我這個禮拜看了彼得打球，他打得很穩。我知道如果我打得沒有今天好，我明天就要打道回府了！**我記得我在電視現場翻譯時，我開始咯咯笑……但訪談結束時，我在廣播中說：**你看，這真是不得了。**我深信納達爾真的相信他剛剛所說的。如果是其他球員，我的分析可能會不一樣。我跟你打包票，如果他明天擊潰對手，那是因為他非常嚴肅看待這一

天。事實上，他的訓練讓他從第一分開始就全力以赴，沒有一刻放鬆。而實際上，隔天納達爾就贏了德國選手：4-6、6-2、6-3。這充分說明他的個性：他從不低估任何對手，無論對方是誰。」

事實上，紅土之王一直以來都是如此。

2019年的法網，馬帝厄也坐在看台上，觀看納達爾在該賽事的第一場比賽。「他的對手是年輕的德國選手揚尼克‧漢夫曼（Yannick Hanfmann），剛通過資格賽，當時世界排名還在第150名外。納達爾拿下第一分時，就像從沒贏過該賽事一樣自我激勵……」前球員證明道。

這裡說明一下：當時納達爾已經榮獲11次法網冠軍……而他只留一點餘地給對手，以6-2、6-4、6-3直落三取得勝利。

「這是因為他有這樣的想法，意外的發生才會比別人少很多，」荷布雷肯定說道：「法網第一輪他會碰到任何選手，他知道自己是奪冠大熱門，但也會秉著自己是職業網球員並可能有危險的原則。這不僅是一種姿態，更是一種心態。」

羅伊說明納達爾的思考模式：「這或許很矛盾，但並不是因為他贏了那麼多次，所以總是展現無窮的信心。當他來到羅蘭卡洛，他就知道必須一直保持同樣的嚴謹。當人們說法網對他太容易了……不是的，這一點都不簡單！從第一輪開始，他就很尊重對手，也是因為他知道自己不該在場上花太多時間。我們可以清楚看到，沒有什麼是偶然的，尤其是在可以讓他找到自己在比賽的方位與節奏的第一輪。他已獲得14次法網冠軍，但這也不免受到質疑。有些賽事他或多或少都表現得不錯，贏球可能也贏得蠻簡單的……我覺得他一直都在告訴自己：**Ok，我贏了，但要繼續保持領先，就必須繼續努力，繼續進步**，而他其實是在網球及所有方面都非常了不起的選手。」

法國選手西蒙就在他的著作《這項運動令你瘋狂》（*Ce sport qui rend fou*）分析拉法的性格特徵：「別跟我說納達爾很謙虛，只因他在記者會說自己不是法網第一輪最看好的選手。他的謙遜，體現在球場上，就像那場對戰茲維列夫的比賽（印地安泉大師賽第二輪以6-7、6-0、7-5獲勝）。這就是謙遜：儘管戰績顯赫，還是要活在當下。納達爾打了幾次印地安泉大師賽八強？少說也有十次……好吧，他不在乎。他就像個孩子。他的謙遜就在於，他始終從零開始的能力，而不是在他比賽前後所說的話裡。」

我們強烈鼓勵所有網球員向他學習效法。「重要的是真正的內在謙遜，而不是假謙虛，接受事情並不總是一帆風順，我們就能更好地接受困難時刻。」納達爾在墨爾本拿下第21座大滿貫的幾天後說道。所以，他不只是網球場上的冠軍。

11

非凡的年代

要實現像納達爾這樣令人難以置信的職業生涯，卻在整個職涯不遭遇激烈競爭，可說少之又少，卻也不是不可思議。而就納達爾的情況，我們談的是在他身後追趕的兩個飢渴生物。我們何其有幸能親眼見證。

「費德勒和喬科維奇同樣出色的職業生涯，為納達爾帶來某種刺激，」親眼目睹三巨頭崛起的法國前網球員亞諾·克雷蒙說道：「某個程度來講，是他們促使納達爾達到這樣的水準。拉法是希望知道明天如何變得更好，持續不斷尋求更好發揮的球員表率。」

出於各種目的，讓我們回憶一下，自2010年代初期以來，這三位傳奇一直在競逐史上最偉大球員（Greatest Of All Time，GOAT）的地位，而對許多人來說，這個榮譽肯定會授予贏得最多大滿貫頭銜的人。到了2022年中，局面十分美好：納達爾獲得第14座法網金盃，共計取得22座大滿貫冠軍，比費德勒多兩座，比喬科維奇多一座。三巨頭制霸網壇：自2003年費德勒在溫布頓贏得他的第一座大滿貫金盃開始，20年來76次大滿貫賽冠軍獎座中有63座是由三巨頭獲得。簡直令人震驚。很少有一項運動能在同個時期擁有三位如此天賦異稟與職涯綿長的冠軍。

羅德有他的解釋：「我認為他們讓彼此變得更好。這三巨頭，甚至還可加上莫瑞，都受到諸神祝福。年輕世代之所以難以和他們抗衡，是因為他們三人都知道如何保持在最高水準。如果只有納達爾獨自一人，很多時候他都會被年輕球員挑戰。這種情況以前也發生過，但沒那麼頻繁，尤其是在大滿貫賽。」

在網壇獨自一人

　　2000年代初期，當納達爾踏入職業巡迴賽，費德勒正主宰著全世界各地球場。當山普拉斯和貝克剛剛退役，阿格西也逐漸來到職業生涯尾聲時，他飄逸的風格，他在場上的靈巧，以及無數的成就，在在吸引著正在尋求新偶像的網球迷。2003至2005年間，瑞士特快車拿下六座大滿貫冠軍，其中三個在溫網的草地球場贏得。他的網球經常在草地打出精采的成績。他是男子網球巡迴賽的新天王，但納達爾橫空出世，在網壇開啟新的紀元。羅傑是無可爭議的冠軍，而拉法則是充滿勇氣與自信的挑戰者。

　　「嚴格來說，納達爾是在費德勒沒有對手的時間點來到巡迴賽，」《羅傑‧費德勒：追求完美》（*Roger Federer : La quête de la perfection*）一書作者，瑞士記者荷內‧史托菲（René Stauffer）回憶道：「就好像他是唯一。當然，還有羅迪克、休伊特或馬拉‧薩芬（Marat Safin），但這些球員都達不到費德勒的水準。」

　　納達爾的優勢在於他並不像費德勒當時的那些對手。他展現迥異的對抗方式，一種截然不同的打球風格。仔細想想，這不論對網球愛好者還是費德勒來說，都不是一件壞事。

　　「如果你是唯一的領先者，你就無法進步，」迪‧巴斯卡勒分析道：「拉法的到來促使羅傑不得不提升他的競賽水準，改變他各方面的網球技術。」

　　瑞士人找到他需要的對手，讓他得以繼續發展，也為他的職業生涯帶來全新境界。至於拉法，他無可抵擋的崛起也讓他有機會很早就與網壇標竿成為競爭對手。始終牢記這終極挑戰：超越大師。

給費德勒的毒藥

　　這兩位偉大冠軍之間的對決，公認是網球史上最引人注目的競爭，甚至比馬克安諾和柏格之間的對決還更偉大，他倆的對抗也為人津津樂道。

　　事實上，拉法和羅傑的個性和球風截然不同，這也說明了他們對決的品質與所激發的熱情。

　　「這兩位球員有很多地方不一樣。納達爾是左手持拍，費德勒則是右撇子，」史托菲解釋道：「納達爾的打法基本上比較機械化，費德勒則極有創意。但這兩位是偉大的戰士，當兩人一起都打得很好，我們就有完美的球賽可看。」

　　讓費納對決顯得特別的另一個因素，是拉法在他們早期對戰中取得無可否認的優勢。

　　一般來說，領先群倫的球員會立即對年輕的追隨者進行一些糾正。有些人稱此為學習。但在七次交手之後，戰績可說一面倒：納達爾取得六勝，其中有四次是在決賽獲勝，羅傑只贏一場。拉法贏了17輪，羅傑只贏了九輪。

　　「對費德勒來說，他倆的對決並未以最好的方式開始，」史托菲回憶道：「他是世界第一，是要擊敗的**那位**球員，但納達爾在他們第一次交鋒（2004年邁阿密大師賽）時就贏了他！當納達爾一出現，我們立刻看到他的打法很適合推翻他。費德勒不習慣與左撇子選手對打。拉法的正拍很強勁，球的旋轉很大。而這個正拍擊球常常是落在費德勒反拍的肩膀高度，讓他很難處理。結果，納達爾知道能利用費德勒的這個弱點。他知道該採取什麼策略來對付他。

2008年，拉法已經成功主宰所有場地：紅土、硬地、草地。他迫使費德勒調整自己的打法，並加以改進。可以確定的是，兩位球員都激勵彼此變得更好。」

結果，觀察家在他們最初幾場對決後，都不知道該採取什麼立場才好。

有人認為這是對費德勒不利的意外效應的後果，其他人則認為這些初步結果預示著這股趨勢很可能會持續下去。

「我記得很早就說過，費德勒是世上最佳球員，而納達爾比他還優秀，」體育記者維亞回憶道：「我們以為納達爾無法像費德勒那樣對所有對手都有統治力，無論是在哪種比賽場地。但他是費德勒的剋星。」

在紅土球場，納達爾對戰前輩費德勒時表現得頑強又棘手：他變成場上無可爭議的大師，費德勒頓時失色成學生。納達爾理所當然拿下雙方在法網對峙的四場決賽，更遑論還有羅馬、漢堡、馬德里及蒙地卡羅的勝利……

「費德勒遭受這一系列與納達爾對戰的失利，尤其是在紅土場上，這些反覆的挫折令他沮喪，無疑也讓他失去一點信心。」史托菲坦言。

2008年，納達爾甚至在法網決賽以近乎羞辱的比分6-1、6-3、6-0，擊敗費德勒，僅花費一小時48分鐘。費德勒從未在大滿貫的決賽如此充滿無力感。

這些屢獲殊榮的成功令羅德「十分激賞納達爾每次都能在法網決賽終結費德勒。無論費德勒有多渴望勝利，納達爾在紅土球場的表現總是更加穩定。他彷彿在對手的腦中注入了某種蛀蟲啃咬著他，我確信費德勒最終還是認為自己無法贏得比賽。每次看他們比賽，我都告訴自己結果是無可避免的。納達爾表現太強了。」

維亞根據兩位對手在紅土場上的對戰紀錄，也意識到這種宿命。「2006年的羅馬大師賽決賽，是我最後一次看到費德勒使出攻擊性的打法，並試圖用自己的網球擊敗他。他有兩個賽末點，但最終仍輸掉比賽。別忘了，費德勒經常說他喜歡用對手的武器打敗對手。我認為他試圖用納達爾這招打敗他：用紅土的打法壓制他。我的印象是，在這次失利之後，他只是陷得更深一點，而拉法已進入他的腦海。」

溫網的神話般勝利

隨著納達爾轟轟烈烈地展開職業生涯，他的胃口也隨之增長。他在紅土球場的統治地位已然確立，也試圖在其他場地與對手競爭。而這沒花他太久時間：2006年與2007年，納達爾兩度打入溫網決賽。

如果他每次都輸給費德勒，那麼2007年他鏖戰五盤仍落敗的決賽就讓他學到很大的教訓：只要拉法表現出這樣的決心，王位無論在哪裡都可能動搖。

「紅土賽季在草地賽季之前展開，」史托菲說道：「而納達爾習慣在草地賽季之前贏得四到五個比賽冠軍。某種程度上，他在溫網沒什麼好失去的，而羅傑的情況就完全不同。」

當納達爾在溫布頓花園擊敗費德勒時，才剛滿22歲……2008年7月的這一天，這位毫無情結包袱的西班牙選手，犯下冒犯君主的罪行，並向網壇發出訊息。這場歷經五盤大戰的史詩般決賽結束時，

費德勒和喬科維奇
同樣出色的職業生涯，
爲納達爾帶來某種刺激。

西班牙蠻牛達到生涯巔峰，但他也渲洩了最初的挫敗感。「我很害怕再次失敗——不是為了我，而是為了拉法，」納達爾的父親塞巴斯蒂安說道：「我永遠記得2007年的決賽之後，他徹底崩潰的模樣，這一幕銘記在我腦海，我不想再看到他這樣了。我問自己，如果他輸了，我該做什麼，我能做些什麼，才能減輕他的創傷？這是他一生的比賽；至高無上的一天。對於我卻是可怕的考驗。我從未經歷過這樣的焦慮不安。」

> "
> 我記得很早就說過，費德勒是世上最佳球員，而納達爾比他還優秀。
> —

　　巴斯卡．馬利亞是這場決賽的主審，當他憶起這場經典對決，眼睛都亮起來了。「這場比賽真的給我留下深刻印象。要記得在2008年，納達爾和費德勒是兩位爭奪冠軍的人。他們在這場決賽之後所做的事甚至比他們之前的成就還偉大。然而，我不太可能忘記這兩位冠軍來到球場，更何況是溫布頓的傳奇草地……基本上，我熱愛網球，即使我以前不是很好的球員，我還是見證了難以置信的比賽。他倆展現的網球真是太棒了。每當我談論這件事時都會起雞皮疙瘩，因為身為球迷，能執法這場比賽，我感到無比神聖。看著一邊是費德勒及他在溫布頓所代表的一切，另一邊則是前來踢館的納達爾，真是太美妙了……就技術上來說，這場決賽出現許多超神擊球，已然達到巔峰境界。」

　　納達爾在倫敦草地球場取得這場歷史性勝利之後，一箭雙鵰：他取代費德勒登上世界第一寶座，但最重要的是，他證明了在費德

勒的後花園擊敗他絕非美夢一場。後者將永遠無法以其人之道還治其人之身：在羅蘭卡洛的紅土球場制服他。

對於這位世界網球美學家來說，這個打擊很沉重，他稱這場決賽為「我職業生涯的最大挫敗，簡直就是一場災難。」尤其是這次打擊並不是真正合乎事理。

「2008年，費德勒剛剛在法網慘遭擊敗，他對贏得溫布頓的想法仍非常有動力，」史托非回憶道：「他在和納達爾的那場比賽之前其實都打得很好，而這場決賽的失利……考慮到當時的情況，他無法接受結果。比賽因雨中斷幾次，最後就在陰暗中結束了。主辦單位原本可以喊停，但他們沒有那麼做。而最後幾局羅傑已經看不太清楚球了。我從來沒看過他像這場對決結束時那般沮喪。賽後他說：**我被摧毀了**。這是他整個職業生涯最艱難的失敗。這是比2009年澳網決賽還要艱難的失敗，因為在他心中溫網重要多了。2008年法網和溫網，連續遭受兩場大滿貫決賽失利，對費德勒來說實在太難以忍受。」

2004年3月至2009年1月期間，這兩位天王共交手19次，其中七次是在大滿貫決賽。他們的競爭已然確立：從此我們在最大球場的看台上都可看到瑞士國旗和西班牙國旗、費德勒球迷和納達爾球迷，以及喜愛費大師的優雅自如和崇拜西班牙蠻牛的力量、狂野及韌性的粉絲。

「托尼・納達爾開始啜泣」

　　對這兩位天王來說，每次對決都很重要。2009年澳網決賽，費德勒又遭遇他的新噩夢。眼淚自他的臉上滑落。再一次由從頭到尾都勢如破竹的納達爾擁有最後發言權。納達爾的喜悅難以形容，而連續第四次與拉法對戰都失利的費德勒則心碎吐露「一次非常痛苦的失敗」。

　　「也許這是納達爾對戰費德勒時激發動力的一個因素，但托尼一直都非常崇拜費德勒，」體育記者荷布雷說道：「對他來說，即使在紅土球場，費德勒被納達爾擊敗也絕非正常現象。這滿有趣的，因為在某段時間，他們的交手拉法仍以18：9獲勝！2009年，當納達爾稱霸澳網決賽時，托尼在談到哭泣的費德勒時也開始啜泣。他也將這份欽佩之情傳給他的姪子，記住擊敗費德勒也是他故事的一部分。」

　　納達爾注定會和費德勒相遇嗎？毫無疑問。可以確定的是，納達爾找到了理想的對手，讓他可以滿足自己職業生涯計畫的所有要求：接受最烏托邦的挑戰、寫下自己的傳奇、試圖盡可能地接近完美。而對於拉法來說，完美的代名詞就是羅傑・費德勒，他對後者懷有無限的敬意。

　　2017年，澳網決賽輸給羅傑之後，在他重新奪回費納對決的控制權一段時間後，納達爾也發出由衷讚美，把所有可能的稱讚都獻給他最優秀的敵人。「他的發球完美，截擊完美，正拍比完美還要完美，反拍也完美，他的速度非常快，他的一切都很完美。」

　　「場上的對峙如此重要，你很自然就會討厭你的對手，」羅德

解釋：「當比賽結束，你不會去隔壁酒吧和剛剛打敗你或被你打敗的選手喝啤酒。和所有偉大的冠軍一樣，納達爾和他的主要對手也不是朋友。在法國，我們有雅尼克·諾亞、吉·弗傑、亨利·勒孔德（Henri Leconte）這些例子。他們一起度過一些美好時刻，但這並不是網球場上的真愛。納達爾和這項運動的所有球員都以同樣的方式運作。只消看他們對戰時互相投射的眼神就知道了！但費德勒和納達爾的競爭關係則很健康。他們似乎惺惺相惜，而他們一旦退役，也會相互欣賞。」

彼此尊重

費德勒和納達爾多次對決，一起主宰比賽很長的時間，的確讓費德勒和納達爾建立了超越運動範疇的關係。

史托菲打開回憶之書。「我記得有一年，費德勒出席瑞士巴塞爾室內網賽，納達爾只是到場向主辦單位表達歉意，因為他不得不宣布退出。他當時還很年輕。費德勒得知他當時就在這座城市，於是決定打電話到他的飯店，然後去找他談談。這是很特別的時刻：納達爾當時還很害羞，而費德勒則希望和納達爾建立個人關係。他很高興有個與他實力相當的競爭對手。身為這項運動的愛好者，他熱愛偉大的網球選手，他也成為拉法的崇拜者。嚴格說來，將他們連繫在一起的或許不是友誼，但他們之間有著滿滿的尊重。除了在網球場上的爭鬥之外，他們也滿常相處。而他們幾乎從來沒發生爭執。」

他也將這份欽佩之情
傳給他的姪子，
記住擊敗費德勒
也是他故事的一部分。

> **我一直非常尊重
> 我的朋友拉法，
> 無論是作爲人
> 還是冠軍。**

兩位球星之間相處融洽的證據：2007年，兩位天王參加「場地大戰」，旨在促進巴利阿里群島旅遊業的表演賽。這場大戰在馬約卡島舉行，球場一半覆蓋草地，一半則是紅土，比賽在友好的氛圍中展開。但最終必須有個勝利者，納達爾在三盤比賽中以7-5、4-6、7-6獲勝。2016年，費德勒接受拉法的邀請，前往他的故鄉馬納科，參加競爭對手創辦的納達爾網球學院（Rafa Nadal Academy）的開幕典禮。

最近，大眾都很高興看到他們在費德勒發起的拉沃盃（Rod Laver Cup）比賽搭檔雙打。一些顯示這對永遠的對手在兩分之間開懷大笑的照片傳遍全世界。在比賽期間負責球員和記者採訪的瑞士記者伊莎貝・穆西回憶兩位冠軍互相尊重。「有一次，我和費德勒在聊天，而納達爾正在回應電視台的問題。我們在等拉法結束，因為輪到他了。然後他開始跟我談到納達爾：**你知道，他太棒了，在這樣的比賽，他有這樣的團隊精神。他跟大夥一起狂歡！我回答他：是啊，你是真的很欣賞他啊！**」

2020年2月，他們在費德勒母親的家鄉南非舉辦表演賽，展現出兩位球員的超強吸引力。在開普敦，兩位球星在五萬多名球迷面前輕鬆打完這場「為非洲而戰」（Match for Africa）的表演賽。在這項運動的歷史上，從沒有一場比賽能夠吸引這麼多的觀眾。儘管沒有勝負輸贏，也絲毫不減損這場對戰的特殊性。

對於網球愛好者來說，有一天看到費德勒和納達爾打球，對某些人來說就像會見教宗，或者對於其他人來說，就好像看了一場滾石合唱團的演唱會。

當納達爾第13次獲得法網冠軍，費德勒向他最喜愛的宿敵致上最熱烈的敬意，而納達爾則帶著第20座大滿貫重返巔峰。「我一直非常尊重我的朋友拉法，無論是作為人還是冠軍。他是我多年來的最大競爭對手，我認為我們互相推動彼此成為更好的球員。這就是為什麼我很榮幸祝賀他獲得第20個大滿貫冠軍。他成功贏得第13個法網冠軍真是太棒了，這是運動史上最偉大的成就之一。我也恭喜他的團隊，因為沒有人能夠獨自完成這項成就。我希望這第20個大滿貫冠軍只是我們兩人旅程中的新階段。幹得好，拉法，你應得的。」尊重與對峙，密不可分。

2022年年底，納達爾與費德勒交手40次，共贏得195場比賽冠軍。納達爾以24勝16敗的成績占上風，而除非發生不太可能的情況，否則納達爾已36歲，費德勒41歲，他應該不會被費德勒追上。這個宰制力為納達爾的傳奇做出貢獻，但這也與冠軍最多數量所代表的意義背道而馳：一個第二號人物，職業生涯都在追逐大師的永恆挑戰者。

拉法與諾瓦

對於廣大球迷來說，納達爾與喬科維奇的對決無疑不那麼引人注目，但同樣具有傳奇色彩。首先，是對戰的次數：59場比賽（喬

科維奇30勝，納達爾29勝），這個交手次數在男網史上也是最多的。很簡單：2006至2022年間，拉法和喬科維奇從未離開過彼此：沒有一年是他們沒有打過至少一場比賽的。

就跟費德勒一樣，喬科維奇和納達爾的對戰初期也非常複雜：他在前23場比賽中輸了16場；在法網自然遭到痛擊；2010年的美網，讓納達爾成為高舉四大滿貫金盃的最年輕球員。喬科維奇的突破發生在2011年3月至2012年1月，期間他連續七次擊敗法拉贏得決賽，包括溫網、美網和澳網三座大滿貫冠軍！

納達爾和喬科維奇共有七場比賽的時間超過四小時。無庸置疑，這兩位選手為我們帶來網球史上最經典的幾場對決、最史詩般的戰役，兩位戰士都不放棄，纏鬥到深夜，讓觀眾浸淫在精采的比賽氣氛裡。2018年由喬科維奇獲勝的溫布頓四強賽，就完美說明了這一點，而2012年纏鬥五小時又53分鐘（將近凌晨兩點才結束）的澳網決賽，至今仍是大滿貫賽事中的最長比賽。喬科維奇在2021年法網四強賽的勝利也為法國觀眾帶來美好的回憶。只需看看他們在2022年法網由拉法獲勝的那場對決所引起的熱潮，就可以了解他們的每一次對決都是一系列賽事中不可錯過的一集。

「在我的職業生涯，我和他的對戰比誰都多，」喬科維奇在2020年法網決賽前一天表示：「我認為我們的對決是運動史上的紀錄。他絕對是我最大的對手。我們比了那麼多場精采的比賽，也讓我們互相尊重。而我們兩人都知道，我們必須竭盡全力才能擊敗對方。」

拉法覺得喬科維奇是羅蘭卡洛的理想比賽夥伴，迫使他年復一年保持最佳專注力和比賽水準。2022年的賽事，這兩位巡迴賽巨星成為第一批在同一大滿貫賽對戰十次的選手。憑藉2015和2021年的兩次勝利，喬科維奇達成連費德勒也無法誇耀的壯舉，也就是在納

"

喬科維奇幫助他
成爲更好的球員。

—

達爾最愛的法網紅土場上打敗他。

「他可能是地球上唯一能在兩人都處於巔峰時在紅土擊敗拉法的人。」吉爾貝說道，讓費德勒的球迷非常懊惱。

喬科維奇是令人敬畏的競爭對手，擁有非凡身體和心理素質的運動員，當然也是史上最佳硬地球員。這位世界第一週數的紀錄保持者經常在硬地球場打敗拉法，促使拉法制定比賽計畫，以成功反擊對手，這是他自2013年美網決賽以來就不曾有過的。但是他們對決時所展現的比賽水準讓納達爾成為這個場地上令人敬畏的球員，而在他的職業生涯初期並不是這種情況。如果拉法近來的七個大滿貫冠軍頭銜中有三個——兩個美網，一個澳網——是在這個場地拿到的，那麼喬科維奇對此無疑並不陌生。

「喬科維奇也許是最努力追求進步的球員，因為他落後拉法和羅傑，」前球員尚皮翁解釋：「我認為打法最全面的是他：他接球更早，他的正拍和反拍一樣強大，他的發球很好，身體素質非常好，而且還是心理怪物。這一切都沒有給人強迫的印象。拉法為了與他抗衡，勢必得進步。喬科維奇幫助他成為更好的球員。」

話雖如此，他倆的對決與費納對決有一點不同：喬科維奇和納達爾並不是會一起到小島度假的朋友。只要看看他們在2022年法網最後一次對戰結束時快速擁抱的樣子，就可以確定這一點。

「他們的做事方式似乎截然相反，」吉爾貝指出：「這完全是我個人觀點，但我認為當拉法在大滿貫賽擊敗費德勒時，他對他會有點不好意思。當他贏了喬科維奇時，他不會感到內疚。他真的不

喜歡輸給他。」

在三巨頭的對決中，喬科維奇保有這個醜小鴨的形象，敢於破壞既定秩序。喬科維奇對此無能為力，但是……「神話般的對峙，仍是納達爾對費德勒，」荷布雷認為：「納達爾和費德勒之間的連結要比拉法和喬科維奇之間緊密得多，無論是在經歷共同歷史的方式上，還是看待事物的方式上。只消看看幾年前費德勒與納達爾和喬科維奇之間的差異即可得知。」

歷史競賽

如果喬科維奇和費德勒沒有邀請納達爾加入這場三巨頭大戰，經歷無數傷勢問題的納達爾會縮短他的職業生涯嗎？

2019年，納達爾回答了這個問題。沒有太多的信念。

「我發自內心告訴你，我不知道……這個問題並不容易回答，因為最終他們所達成的成就可能會對我產生影響。我想相信情況並非如此，我自己保持著我的動力，而這與他們無關。但是……不，我無法百分之百肯定地回答這個問題。」

可以肯定的是，36歲的納達爾仍活躍在網球場上。儘管傷病的痛苦似乎越來越影響到他的日常，他想成為年輕領先者的願望依然沒變。他最敬愛的宿敵，比他大五歲的費德勒仍然沒有退出[10]。彷

10編按：2022年9月15日，費德勒宣布退役，並選擇2022年的拉沃盃作爲他的最後一役，結束24年的職業生涯。

彿他倆都無法替他們的歷史性對決畫下句點，彷彿時間也無法抑制他們對這項運動的熱愛和競爭。

對於柯內來說，不用想太多就可以理解是什麼持續激勵著納達爾及其團隊。「顯然正是這場與費德勒和喬科維奇競逐的歷史戰役。不管他們說什麼，我認為他們三人都還保持競賽狀態。他們都很清楚他們正在寫網球史上最令人難忘的一頁，而且我認為這讓他們更向上提升。而既然他們是三個偉大的競爭者，他們必然都想超越對方。我想納達爾是這麼想的，即使他主要是被他在球場上健康狀況良好時仍然感受到的快樂所驅使。」

2022年1月30日，當納達爾成為唯一一位21個大滿貫冠軍得主時[11]，他對於有關GOAT（史上最偉大球員）問題的爭論並沒有表現出太大的興趣。「我不太在乎我是否是史上最佳或最佳之一。現在，成功贏得我的第二座澳網冠軍比什麼都重要。」在揭露他的成功祕訣前說道。「熱愛比賽，充滿熱情，保持積極的態度以及專注工作的心態。還有每天都有好心人幫助我。」

誰在談論終極戰士？

---

11 編按：2022年6月5日法網決賽，納達爾擊敗魯德贏得第22座大滿貫冠軍。喬科維奇隨後在該年溫網獲得他第21座大滿貫冠軍，並於2023年贏得澳網、法網、美網三座大滿貫冠軍，累積24座大滿貫冠軍，是獲得大滿貫冠軍最多的男子選手。

參考書目

1 獨一無二的球員

Rafael Nadal & John Carlin, *Rafa*, Éditions J'ai Lu, 2013, pages 150, 151.

Fabrice Sbarro, Tennis - *Quel joueur êtes-vous ?*, Éditions Amphora, 2018.

John McEnroe, *La beauté d'une éruption volcanique : McEnroe raconte le roi de la terre battue, Nadal,* Groundbreakers, mis en ligne le 29/05/2022, disponible à l'adresse : https://www.eurosport.fr/tennis/renault-groundbreakers-la-beaute-d-une-eruption-volcanique-mcenroe-raconte-le-roi-de-la-terre-battue-nadal_vid1685843/video.shtml

2 天生的競爭者

Rafael Nadal & John Carlin, *Rafa*, Éditions J'ai Lu, 2013, page 273.

Carlos Gonzales Lucay, *Roger Federer* : « *Marcelo Rios era una especie de jugador perfecto* », eldeportivo, mis en ligne le 23/11/2019, disponible à l'adresse : https://www.latercera.com/el-deportivo/noticia/federer-rios-jugador-perfecto/912761/

ATP Staff, *The Day Nadal Won His First Emirates ATP Rankings Point*, mis en ligne le 21/08/2017, ATP Tour, disponible à l'adresse : https://www.atptour.com/en/news/nadal-2017-first-atp-point-sevilla-challenger

Mats Wilander, *L'œil de Mats Wilander : Rien n'est inhumain chez Rafa, c'est même exactement l'inverse*, L'Équipe, 31 janvier 2022.

Julien Reboullet, *Rafael Nadal champion des champions L'Équipe Monde : « Être aux JO à Paris, ce serait un rêve »*, L'Équipe, 27 décembre 2019.

Rafael Nadal & John Carlin, *Rafa*, Éditions J'ai Lu, 2013, page 55.

Le tennis espagnol, Tennis Magazine, avril 2018.

3 回到他的泡泡裡

Mats Wilander, *Wilander : « Nadal me touche »*, L'Équipe Magazine, 31 mai 2013.

Rafael Nadal & John Carlin, *Rafa*, Éditions J'ai Lu, 2013, pages 34,35.

Aldo Cazzulo, *Nadal : « Djokovic e le sue imitazioni ? Non mi ofendo mai. Federer ? Uno dei piu grandi della storia »*, Corriere della sera, mis en ligne le 03/11/2020, disponible à l'adresse : https://www.corriere.it/sport/20_novembre_01/rafael-nadal-intervista-djokovic-federer-7dabe1b4-1b8d-11eb-be91-5d9fe2674d18.shtml

Jon Wertheim, *Rafael Nadal on his island home, his rivalry with Roger Federer, and his family*, 60 minutes sports, mis en ligne le 12/01/2020, disponible à l'adresse : https://www.cbsnews.com/news/rafael-nadal-on-his-island-home-his-rivalry-with-roger-federer-and-his-family-60-minutes-2020-01-12/

Rafael Nadal & John Carlin, *Rafa*, Éditions J'ai Lu, 2013, page 38.

4 紅土球場的天選之人

Dailymotion, *Regrets, souvenirs, JO, … Stan Wawrinka et Benoit Paire se confient encore !*, [vidéo], Tennis Actu TV, 2020, disponible à l'adresse : https://www.dailymotion.com/video/x7tje8o

Franck Ramella, *Selon Ivan Ljubicic, « Une statue, ça ne suffit pas » pour honorer la carrière de Rafael Nadal à Roland-Garros*, L'Équipe, 6 juin 2022.

5 左撇子戰士

Rafael Nadal & John Carlin, *Rafa*, Éditions J'ai Lu, 2013, page 49.

Guy Azémar, *L'homme asymétrique*, Éditions CNRS Éditions, 2003.

6 輝煌綿長的職涯

David Loriot, *Carlos Moya sur Rafael Nadal : « Il fut tout proche de perdre, mais il a survécu »*, L'Équipe, 6 juin 2022.

David Loriot, *Rafael Nadal : « Je ne veux pas continuer à jouer ainsi »*, L'Équipe, 6 juin 2022.

8 苦練

Julien Reboullet, *Rafael Nadal champion des champions L'Équipe Monde : « Être aux JO à Paris, ce serait un rêve »*, L'Équipe, 27 décembre 2019.

Javier Mendez, *Bautista Agut's coach: training with Nadal 'improves every aspect of your game'*, ATP Tour, mis en ligne le16/01/2021, disponible à l'adresse : https://www.atptour.com/en/news/vendrell-bautista-agut-january-2021

9 打法的進化

Julien Reboullet, *Rafael Nadal champion des champions L'Équipe Monde : « Être aux JO à Paris, ce serait un rêve »*, L'Équipe, 27 décembre 2019.

Vincent Cognet, *Wimbledon : comment Rafael Nadal a transformé son jeu pour briller sur gazon*, L'Équipe, 12 juillet 2019.

Mats Wilander, *L'œil de Mats Wilander : Rien n'est inhumain chez Rafa, c'est même exactement l'inverse*, L'Équipe, 31 janvier 2022.

10 與眾不同的球星

Rafael Nadal & John Carlin, *Rafa*, Éditions J'ai Lu, 2013, page 80.

Gilles Simon, *Ce sport qui rend fou*, Éditions Flammarion, 2022.

11 非凡的年代

Rafael Nadal & John Carlin, *Rafa*, Éditions J'ai Lu, 2013, pages 37,38.

Julien Reboullet, *Rafael Nadal champion des champions L'Équipe Monde : « Être aux JO à Paris, ce serait un rêve »*, L'Équipe, 27 décembre 2019.

48

belle vue

納達爾
王者傳奇生涯全解析

作　　者　　紀堯姆‧拉涅（Guillaume Lagnel）
攝　　影　　柯琳‧杜布荷（Corinne Dubreuil）
譯　　者　　林舒瑩、葛諾珀
總 編 輯　　曹　慧
主　　編　　曹　慧
封面設計　　比比司設計工作室
內頁版型　　ayenworkshop
內頁排版　　楊思思
行銷企畫　　林芳如
出　　版　　奇光出版／遠足文化事業股份有限公司
　　　　　　E-mail: lumieres@bookrep.com.tw
　　　　　　粉絲團：https://www.facebook.com/lumierespublishing
發　　行　　遠足文化事業股份有限公司（讀書共和國出版集團）
　　　　　　http://www.bookrep.com.tw
　　　　　　23141新北市新店區民權路108-4號8樓
　　　　　　電話：(02) 22181417
　　　　　　郵撥帳號：19504465 戶名：遠足文化事業股份有限公司
法律顧問　　華洋法律事務所 蘇文生律師
印　　製　　成陽印刷股份有限公司
初版一刷　　2024年5月
定　　價　　520元
Ｉ Ｓ Ｂ Ｎ　　978-626-7221-52-5　書號：1LBV0048
　　　　　　978-626-7221563（EPUB）
　　　　　　978-626-7221570（PDF）

有著作權‧侵害必究‧缺頁或破損請寄回更換
歡迎團體訂購，另有優惠，請洽業務部（02）22181417分機1124、1135
特別聲明：有關本書中的言論內容，不代表本公司/出版集團之立場與意見，文責由作者自行承擔

國家圖書館出版品預行編目資料

納達爾：王者傳奇生涯全解析 / 紀堯姆‧拉涅（Guillaume Lagnel）著；柯琳‧杜布荷（Corinne Dubreuil）攝影；林舒瑩，葛諾珀譯. -- 初版. -- 新北市：奇光出版, 遠足文化事業股份有限公司發行, 2024.05
面；　公分

譯自：Nadal : le guerrier ultime

ISBN 978-626-7221-52-5（平裝）

1. CST: 納達爾（Nadal, Rafael, 1986- ）　2. CST: 網球
3. CST: 運動員　4. CST: 傳記

784.618　　　　　　　　　　113004390

線上讀者回函